A2.1

Manuela Georgiakaki
Elisabeth Graf-Riemann
Anja Schümann
Christiane Seuthe

# Beste Freunde

## DEUTSCH FÜR JUGENDLICHE

### Kursbuch

Hueber Verlag

Beratung:
PD Dr. habil. Marion Grein, Johannes Gutenberg-Universität Mainz

3.  2.  1.          Die letzten Ziffern
2018  17  16  15  14          bezeichnen Zahl und Jahr des Druckes.
Alle Drucke dieser Auflage können, da unverändert,
nebeneinander benutzt werden.
1. Auflage
© 2014 Hueber Verlag GmbH & Co. KG, München, Deutschland
Umschlaggestaltung: Sieveking · Agentur für Kommunikation, München
Fotoproduktion: Iciar Caso, Hueber Verlag, München
Fotograf: Alexander Keller, München
Zeichnungen: Monika Horstmann, Hamburg
Layout und Satz: Sieveking · Agentur für Kommunikation, München
Verlagsredaktion: Beate Dorner, Silke Hilpert, Anna Hila,
Hueber Verlag, München
Druck und Bindung: Himmer AG, Augsburg
Printed in Germany
ISBN 978–3–19–301052–0

Art. 530_03090_001_01

Liebe Leserinnen, liebe Leser,

*Beste Freunde* – das könnten Ihre Lerner und dieses Buch werden!
*Beste Freunde* richtet sich an Jugendliche, die in Deutsch bereits Kenntnisse der Niveaustufe A1 haben. Es ist in überschaubaren und sicheren Schritten aufgebaut.

Begleitet werden die Lerner dabei von einer Freundesgruppe von Jugendlichen, denen sie in unterschiedlichen Situationen und kleinen Geschichten begegnen und die sie mit einer Vielzahl von Themen bekannt machen. Die Auswahl dieser Themen orientiert sich an den Vorgaben des *Gemeinsamen Europäischen Referenzrahmens für Sprachen* (GER).

Beste Freunde unterstützt ein aufgabenorientiertes, kommunikatives Lernen, das den aktuellen Gebrauch der Sprache berücksichtigt. Der kleinschrittige, systematische Aufbau von Grammatik, Wortschatz und Redemitteln sowie eine klare Aufgabenstellung sorgen dabei für Sicherheit und Transparenz.

Das Kursbuch ist in Module gegliedert. Jedes Modul umfasst drei kurze Lektionen mit je vier Seiten und wird von einem der Jugendlichen thematisch zusammengehalten. Auf einer Moduleinstiegsseite wird der jeweilige Protagonist bzw. die jeweilige Protagonistin in einem Porträt vorgestellt, zusammen mit den kommunikativen Lernzielen des Moduls. Unterschiedliche Lese- und Hörtexte sind der Ausgangspunkt für die systematische Spracharbeit in den Lektionen. In vielen Lektionen sind zudem Partnerübungen angelegt, die mit Partnerseiten im Arbeitsbuch verknüpft sind und eine Vertiefung des Lernstoffs ermöglichen. Jedes Modul enthält darüber hinaus eine magazinartige Seite mit interessanten Informationen zur Landeskunde, eine Projektseite für die Portfolio-Arbeit sowie eine Grammatikübersicht, die den Grammatikstoff des Moduls übersichtlich zusammenfasst. Eine Wiederholungsseite mit binnendifferenzierenden Aufgaben zu allen drei Lektionen des Moduls bildet jeweils den Abschluss.

Allen, die mit *Beste(n) Freunde(n)* arbeiten, wünschen wir viel Spaß und Erfolg!
Die Autorinnen

**Piktogramme und Symbole**

| | |
|---|---|
| 12 ⸩⸩⸩ | Aufgabe mit Hörtext auf CD |
| 🧑‍🤝‍🧑 | Partnerübung im Arbeitsbuch |
| → AB, Ü 5 | Übung im Arbeitsbuch |
| → GRAMMATIK, Ü 6–7 | Selbstentdeckende Grammatikübung im Arbeitsbuch |
| → SCHREIBTRAINING, Ü 8 | Schreibtraining im Arbeitsbuch |

Mit dem Wort *denn* macht man Fragen freundlicher.

*reflexive Verben*
ich     freue mich
du      freust dich
er/es/sie freut sich

Grammatik

Hinweise zur Sprache

Arbeitsblätter zum fächerübergreifenden Unterricht auf
www.hueber.de/beste-freunde

# Inhalt

# Inhalt

# Anna

Luisa: Hi, Fabio! Zeig mal, wer ist das denn?
Fabio: Das ist Anna Becker. Sie ist neu in
meiner Klasse. Ich finde sie super nett.
Luisa: Ja, sie sieht sehr sympathisch aus.
Aber warum hast du das Foto gemacht?
Fabio: Wir haben in Kunst Fotoporträts von uns
gemacht. Und ich habe Anna fotografiert.
Luisa: Woher kommt sie denn?
Fabio: Aus München. Ihr Vater
hat einen neuen Job in
Köln bekommen. Deshalb
wohnen Anna, ihre Eltern
und ihr Bruder jetzt hier.
Luisa: Und was weißt du noch
über Anna?

Fabio: Hm, sie hat erzählt, sie liest gern Mangas,
und ich glaube, sie zeichnet auch gern.
Luisa: Und? Gefällt es ihr in Köln?
Fabio: Ich glaube schon. Ich habe ihr gesagt, Köln
ist toll. Wir können ihr alles zeigen, oder?
Den Rhein, die Brücken, den Kölner Dom, ...
Luisa: ... die Stadtfeste ...
Fabio: ... genau, und den Kölner Karneval. Wer weiß,
vielleicht spielt Anna ja sogar Fußball!
Luisa: Träum weiter, Fabio!

---

**1a** Lies den Dialog oben und
sammle Informationen
zu Anna.

aus München

Anna

**2** Lies den Dialog noch einmal, suche Informationen
zu Köln und ordne sie dann den Bildern zu.

A

B

C

**b** Was weißt du noch über Anna?

---

eine Wohnung beschreiben ● sagen, wo etwas ist ● einen Rat geben ● über Gefühle sprechen ●
über das Befinden sprechen ● Personen charakterisieren ● etwas verneinen ●
einen Vorschlag machen und ihn ablehnen ● über ein Fest berichten ● etwas vergleichen

Lernziele

# Unsere Wohnung in Köln.

> Wie ist es in Köln?

> Ihr seid nicht da! Ihr fehlt mir so! ☹

**1** Schau die Bilder an und lies die Sprechblasen.
Sammelt dann zu zweit Fragen und beantwortet sie.

> Wer sind die Jugendlichen auf den Fotos?

Wer …? • Wie …? • Was …? • Wo …? • Woher …? • Wohin …? • Wann …?

**2a** Lies die Fragen und hör dann das Gespräch. Wie ist die Reihenfolge?

2 🔊

? Wie sind denn eure Lehrer?

? Wie ist denn deine neue Schule?

? Und eure Wohnung? Habt ihr schon alles ausgepackt?

1 Wie ist es in Köln? Gefällt es dir?

? „Kooche"? Was heißt das denn?

? Und die anderen Schüler in deiner Klasse? Sind sie nett?

? Warum spricht Fabio komisch? Wie spricht er denn?

? Was hast du denn schon von Köln gesehen?

> Mit dem Wort *denn* macht man Fragen freundlicher.

**b** Hör noch einmal und ergänze die Antworten.

2 🔊

1. Na ja, eigentlich ist die Stadt ganz (schön).

2. Am Sonntag sind wir ein bisschen in der
Stadt ⟨?⟩. Wir haben den Dom ⟨?⟩ und
sind auch am Rhein ⟨?⟩.

3. Hm, geht so. Die Schule ist ziemlich ⟨?⟩.

4. Ach ja, … Ich weiß nicht. Sie sind ⟨?⟩.
Aber ich habe ja noch nicht so viele ⟨?⟩.
Nur Tim und Fabio …

5. Na ja, hier in Köln ⟨?⟩ die Leute
irgendwie anders.

6. „Kooche" heißt ⟨?⟩!

7. Hm, unsere ⟨?⟩ ist sehr jung und oft
total nervös und stressig. Und unser
⟨?⟩ ist sehr streng.

8. Mein Zimmer ist okay. Aber unsere ⟨?⟩
ist noch nicht ganz fertig und unser ⟨?⟩
ist auch noch ziemlich chaotisch.

→ AB, Ü 1–2

**3a** Schreibt zu zweit passende Adjektive zu den Wörtern.

Lehrer × Bahnhof × Schule × Training × Stadt × Computerkurs × Freunde × Kino

Lehrer – streng
Bahnhof – modern
Schule – …

**b** Spielt dann Dialoge in der Gruppe (vier Personen) und vergleicht.

*Daniel und Eva:* Unsere Lehrer sind echt streng. Und eure Lehrer?
*Vera und Marco:* Ach, sie sind ganz nett. Unser Bahnhof ist alt. Und euer Bahnhof?
*Daniel und Eva:* Er ist …

→ AB, GRAMMATIK, Ü 3   Ü 4–5

| Possessivartikel im Nominativ | | |
|---|---|---|
| wir | ihr | |
| unser | euer | Bahnhof |
| unser | euer | Training |
| unsere ! | eure | Schule |
| unsere ! | eure | Lehrer |

**4a** Schau die Bilder an und hör zu. Welches Bild passt nicht?

3-4

A

B

C

**b** Hör noch einmal. Was sagt man wo?

3-4

| | Grüß Gott. | Guten Tag. | Fleischpflanzerl | Frikadelle | Semmel | Brötchen |
|---|---|---|---|---|---|---|
| in München | X | | | | | |
| in Köln | | | | | | |

Man spricht in Deutschland nicht überall gleich. In Köln sprechen die Leute anders als in München. Sie haben auch manchmal andere Wörter. Wie ist das in deinem Land?

**5a** Schau die Bilder A–J an.
Welche Möbel und Sachen sind in Annas Zimmer ⊕?
Welche nicht ⊖? Was glaubst du? Schreib auf.

⊕ Schrank
…

⊖ …
…

A
Schrank

B
Bett

C
Stuhl

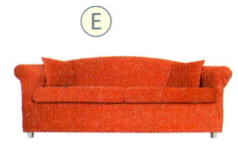
D
Sessel

E
Sofa

F
Schreibtisch/Tisch

G
Kühlschrank

H
Regal

I
Spiegel

J
Teppich

b **Schau das Bild an und vergleiche mit deinen Notizen in 5a.**

Endlich fertig!

▪ In Annas Zimmer gibt es … / Aber es gibt keine …

→ AB, Ü 6–7

6 **Annas Zimmer ist schon fertig. Schau noch einmal das Bild in 5b an und lies die Sätze 1–4. Was passt zusammen?**

1. Der Teppich liegt schon
2. Der Computer steht schon
3. Das Poster hängt schon
4. Die Bücher stehen schon

a auf dem Tisch.
b im Regal.
c im Zimmer.
d an der Wand.

Der Teppich liegt schon im Zimmer.

*Positionsverben + Präposition + Dativ*

 liegen

 stehen

hängen

7 **Schau das Bild an und lies die Sprechblase. Was sagt Annas Mutter noch?**

So ein Chaos! Die Stühle stehen noch auf dem Balkon!

◆ Der Kühlschrank …

→ AB, Ü 8    GRAMMATIK, Ü 9    Ü 10–13

*Präpositionen*

Wo? in, an, auf + *Dativ*

im Flur, im Bad, in der Garage
am Schrank, am Bett, an der Tür
auf dem Tisch, auf der Terrasse

8 **Spiel mit deiner Partnerin / deinem Partner.**
**(Arbeitsbuch: A = Seite 87 und B = Seite 90)**

**9a** Lies den Text. Was ist das Problem von Sanne12?

---

FRAG DOCH MAL

**Sanne12** Hilfe, mein Zimmer ist ein Chaos, aber ich räume einfach nicht gern auf!
Ich mag es aber auch nicht so chaotisch. Was kann ich tun? Kann man Ordnung
lernen? Wer kann mir Tipps geben, bitte? Danke für eure Antworten!!!
Liebe Grüße, Sanne12

---

**b** Lies die Texte der anderen Forumsmitglieder. Wer gibt keinen Tipp?

**TomderHeld** Hallo Sanne12! Also, ich bin auch ein Chaot ☺. Am Tag mache ich viel, da habe
ich keine Zeit und will auch nicht aufräumen. Aber am Abend, nach meiner Lieb-
lingsserie, da klappt das bei mir gut. Dann räume ich auf. Also jeden Abend!
Versuch es doch auch mal!

**FlotteLotte** Also, ich habe ein System. Das hat mir meine Cousine gezeigt: Ich räume jeden Tag
etwas anderes auf. Am Samstag räume ich meine Schulsachen auf. Am Sonntag meine
Kleider. Am Montag alles, was blau ist. Am Dienstag alles, was rot ist. Mittwoch
grün und so weiter. Das ist super! Probier es doch aus. Vielleicht hilft es dir.

**KaterFelix** Also das ist doch Quatsch! Blau, rot, grün – also nein, das funktioniert nie!
Aufräumen macht keinen Spaß, aber es muss sein. ☹

**Rambazamba** Hallo Sanne12, hast du es schon einmal mit Musik versucht? Ich höre immer meine
Lieblingsmusik beim Aufräumen. Das macht mir Spaß, und ich finde es dann auch
gar nicht mehr so schlimm.

**Kaos91** Hallo, ich mache es wie Rambazamba. Also, ich nehme immer meinen iPod®, setze
meine Kopfhörer auf, dann ein bisschen gute Musik und los geht's. ☺ Ich brauche
immer sehr lang, weil ich so viel tanze und singe. Aber das Zimmer sieht am Ende
wieder super aus!

**PrinzHarry** Mein Tipp? Computer ausmachen und einfach anfangen!

---

**c** Lies noch einmal die Texte in 9b. Lies dann die Sätze 1–6. Ist das richtig ⓡ oder falsch ⓕ?

1. **TomderHeld** sieht abends eine Serie im Fernsehen und kann dann gut aufräumen.  ⓡ ⓕ
2. **FlotteLotte** zieht am Sonntag ein Kleid an und räumt dann auf.  ⓡ ⓕ
3. **KaterFelix** räumt gern nach Farben auf.  ⓡ ⓕ
4. **Rambazamba** nimmt sein Handy, telefoniert und räumt auf.  ⓡ ⓕ
5. **Kaos91** räumt sehr langsam auf: Sie tanzt auch und braucht deshalb viel Zeit.  ⓡ ⓕ
6. **PrinzHarry** macht immer den Computer an: Ohne Computer kann er nicht aufräumen.  ⓡ ⓕ

**d** Schreib einen Text für das Forum
und gib Sanne12 einen Tipp.

Jan123: Ich ...
Versuch es doch auch mal.

→ AB, Ü 14–16

# Neue Freunde!

**1a** Schau das Bild an. Was macht Anna? Was glaubst du?

a Sie macht Hausaufgaben.    b Sie schreibt in ihr Tagebuch.    c Sie schreibt einen Brief.

**b** Lies den Anfang und vergleiche mit 1a.

Köln, 19. Oktober

Manchmal fühle ich mich immer noch ein bisschen allein und dann bin ich traurig. ☹ Alles ist so neu für mich. Aber das ist ja auch klar, zwei Monate sind nicht sehr lang. Am Anfang habe ich mich echt geärgert ⚡⚡: Papa findet einen Job in Köln und wir ziehen um, einfach so! Und was ist bitte mit David und mir? Wir müssen einfach mitkommen!!! München ist soooo weit
5 weg (fast 600 km!), und dann Laura, Simon und Nico ... Sie fehlen mir manchmal so. ☹ ☹ ☹

**c** Lies den Text weiter. Wer sind die Personen auf den Bildern?

Zum Glück gibt es Fabio und Tim! Sie gehen in meine Klasse und sind echt nett ☺. Oder Luisa aus der 8b. Sie ist ein bisschen verrückt, aber das gefällt mir! Manchmal treffe ich mich mit Luisa und Fabio und wir machen was zusammen. Die beiden sind
10 echt lustig, sie zeigen mir die Stadt und wir haben total viel Spaß zusammen! ☺ Ja, und dann habe ich da einen Jungen gesehen ... Er heißt Jonas, glaube ich, und sieht total süß aus! Er trainiert am Heinrich-Böll-Platz mit seinen Freunden Fahrradtrial. Sie fahren zum Beispiel Treppen
15 hoch, das ist ECHT cool! Jonas kann das ganz toll. Fabio und ich gehen morgen wieder zu dem Platz. Hoffentlich ist ER dann auch da!!! Ich freue mich schon so!

A

B

C

**2a** **Lies die Texte in 1b und 1c noch einmal und ergänze die Namen.**

> Laura ✕ Anna ✕ Nico ✕ Jonas ✕ Fabio ✕ Simon ✕ Tim ✕ Luisa

1. ( ? ) sieht gut aus.
2. ( ? ) fühlt sich ein bisschen allein.
3. ( ? ) sind weit weg.
4. ( ? ) ist ein bisschen verrückt.
5. ( ? ) freut sich schon sehr.

6. ( ? ) macht am Heinrich-Böll-Platz Fahrradtrial.
7. ( ? ) gehen in eine Klasse.
8. ( ? ) treffen sich mit Anna.
9. ( ? ) ist in der 8b.
10. ( ? ) hat sich am Anfang geärgert.

**b** **Wie geht die Geschichte mit Anna und Jonas weiter? Was glaubst du?**

→ AB, Ü 1–2 ▍

**3a** **Wie oft …? Beantworte die Fragen mit *oft, manchmal* und *nie*.**

1. Wie oft fühlst du dich allein?
2. Wie oft ärgerst du dich?
3. Wie oft fühlst du dich stark?
4. Wie oft freust du dich?
5. Wie oft triffst du dich mit Freunden?
6. Wie oft streitest du dich mit Freunden?

| *reflexive Verben* | |
|---|---|
| ich | freue **mich** |
| du | freust **dich** |
| er/es/sie | freut **sich** |

**b** **Macht ein Partner-Interview mit den Fragen aus 3a.**

◆ Sag mal, wie oft fühlst du dich allein?
● Hm, ich fühle mich nie allein. Ich habe ja meine Freunde. Und du? Wie oft ärgerst du dich?
◆ Ich ärgere mich manchmal, aber nicht oft. Und du? Wie oft …?

→ AB, GRAMMATIK, Ü 3   Ü 4–5 ▍

**4** **Was ist gestern passiert?**

> sich mit Freunden treffen ✕ ~~sich ärgern~~ ✕ sich allein fühlen ✕
> sich sehr freuen ✕ sich mit Freunden streiten ✕ sich krank fühlen

| *reflexive Verben im Perfekt* | |
|---|---|
| … hat **sich** … | gefühlt |
| | getroffen |
| | gestritten |

A   B   C   D   E   F

Fabio hat sich geärgert.

**5** **Wie geht es dir? Schreibt und spielt Dialoge.**

▲ Wie geht es dir?
■ ☹ Nicht so gut. / ☺ …
▲ Was ist denn passiert?
■ Ich bin müde.

> müde sein • verliebt sein •
> sich krank/allein/schlecht
> fühlen • sich ärgern *(Perfekt)* •
> sich mit … streiten *(Perfekt)* • …

→ AB, GRAMMATIK, Ü 6   Ü 7–8   SCHREIBTRAINING, Ü 9 ▍

**6a** Hör die Tipps im Radio.
Wie ist die Reihenfolge?

5

? Kino    1 Flohmarkt
? Straßenfest    ? Fahrradtraining
? Theater    ? Musikfestival

**b** Lies zuerst die Aufgaben.
Hör dann noch einmal. Was ist richtig?

5

1. Der Flohmarkt ist
   a in der Fußgängerzone.
   b in der U-Bahn.
   c in der Sporthalle.

2. Das Probetraining ist
   a am Sonntag um 14 Uhr.
   b am Samstag um 18 Uhr.
   c am Samstag um 14 Uhr.

3. Die Krimi-Komödie kommt am Sonntag
   a um halb vier.
   b um Viertel vor sechs.
   c um halb sechs.

4. Die Telefonnummer ist
   a 88 78 77 11.
   b 88 78 77 12.
   c 88 87 77 11.

5. Das Straßenfest ist
   a nur am Sonntag.
   b nächste Woche am Samstag.
   c am Wochenende.

6. Auf dem Festival kann man
   a Sport machen.
   b basteln.
   c Musik hören.

**c** Wohin möchtet ihr gehen? Sprich mit deiner Partnerin / deinem Partner.

→ AB, Ü 10

**7a** Lies die Überschriften und den Text. Ordne dann die Überschriften zu.

> Der Clown: immer lustig und meistens glücklich ✖ Die Öko-Tante: romantisch und sensibel ✖
> Die Diva: oft nervös und ein bisschen neugierig ✖ Der Professor: sehr intelligent und immer fleißig

**Typisch!?** Kennst du **den** oder **die**? Wir stellen euch „typische" Jugendliche vor!
Einige kennst du bestimmt. Es gibt sie in jeder Klasse.

① Er ist pünktlich und hat nur gute Noten. Warum? Er sitzt ganz vorn und hört immer gut zu. Er weiß einfach alles und gewinnt jedes Jahr den Mathe-Wettbewerb. Ohne seinen Laptop kann er nicht leben. Leider hat er zu wenig Zeit für Freunde, deshalb fühlt er sich manchmal allein. Traumberuf: Informatiker.

② Ihr Hobby? Mode! Sie ist sehr hübsch, schlank, elegant und interessiert sich für Kleider, Schuhe und Frisuren. Ohne ihre Sonnenbrille geht sie nicht auf die Straße. Sie möchte unbedingt bei der TV-Show „Topmodel Nummer 1" mitmachen und gewinnen. Leider ist sie auch ziemlich egoistisch. Andere Hobbys: Telefonieren und Shoppen. Lieblingsfarbe: Pink. Traumberuf: Model.

③

Er kann gut Witze erzählen. Manchmal nervt er auch, aber ohne ihn ist es langweilig. Er findet seine Freunde sehr wichtig und er hilft gern. Er ist meistens nett und optimistisch. Sein Motto: „Ohne meine Freunde und ein bisschen Spaß ist alles nur halb so schön." Traumberuf: Schauspieler.

④

Sie mag Bäume, Wiesen, Parks und vor allem Blumen. Sie liebt Tiere, isst kein Fleisch, aber viel Gemüse und trinkt viel Tee. Ihre Haare sind lang und rot. Leider ist sie meistens unpünktlich und auch ein bisschen faul: Sie lernt nicht gern für die Schule. Ihr Hobby: Lesen. Ohne ihr Buch geht sie nicht aus dem Haus. Traumberuf: Politikerin oder Künstlerin.

**b** **Lies die Überschriften und den Text noch einmal und beantworte die Fragen.**

|  | Professor | Diva | Clown | Öko-Tante |
|---|---|---|---|---|
| 1. Er/Sie ist … | intelligent, fleißig, … |  |  |  |
| 2. Er/Sie kann nicht ohne … | seinen Laptop leben. |  |  |  |
| 3. Sein/Ihr Traumberuf ist … |  |  |  |  |

**c** **Stimmt das? Gibt es diese „Typen"? Welche „Typen" kennst du noch?**

**8** **Ohne was kannst du nicht sein? Macht eine Kettenübung.**

◆ Ohne was kannst du nicht sein?
  ● Ohne mein Smartphone.
    Und du? Gehst du ohne deine Freunde ins Kino?
      ■ …

→ AB, Ü 11–12   GRAMMATIK, Ü 13   Ü 14

> *Präposition ohne + Akkusativ*
>
> ohne meinen Laptop
> ohne mein Smartphone
> ohne meine Sonnenbrille
> ohne meine Freunde

**9a** **Arbeitet in zwei Gruppen und schreibt einen Text.**

Gruppe 1 = Jungen: Was ist „typisch" ☺ für Mädchen?
Gruppe 2 = Mädchen: Was ist „typisch" ☺ für Jungen?

> Mädchen/Jungen sind ( ? )
> und finden ( ? ) interessant.
> Sie können gut ( ? ).

> neugierig • süß • witzig • (un)pünktlich • (un)romantisch • verrückt • (un)sensibel • …

> Musik • Pferde • Sport • Mode • …

> tanzen • Fußball spielen • zuhören • singen • kochen • …

**b** **Lest eure Texte vor. Was sagt die andere Gruppe?**
**Gibt es „typisch Mädchen" oder „typisch Junge"? Was glaubt ihr?**

→ AB, Ü 15–16

Luisa, ich bin schon auf dem Fest, wo bist du denn? Wir waren doch verabredet!

Ich bin doch schon da, am Eingang.

**1** Hör zu. Welches Fest ist das?

6 ◉)) ⓐ ein Geburtstag ⓑ ein Straßenfest ⓒ Weihnachten

**2a** Schau das Bild oben an, lies die SMS und beantworte die Fragen.

• Wo ist Anna? • Und wo ist Luisa?

**b** Spielt Dialoge.

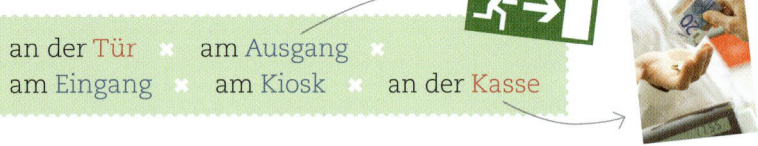

an der Tür ✕ am Ausgang ✕
am Eingang ✕ am Kiosk ✕ an der Kasse

◆ Wo bist du denn? Wir waren doch verabredet!
▼ Ich bin doch schon da, am Eingang.

(→) AB, Ü 1–3

**3a** Schau die Bilder und lies die Sprechblasen. Was passt zusammen?

Ⓐ Ⓑ Ⓒ Ⓓ

① Und was essen wir? Bratwurst oder Hähnchen?

② „Zumba® mit Ben Becks". Wollen wir da mitmachen?

③ Hi! Na? Rate mal! Wer bin ich?

④ Mmm. Die Pommes sind lecker. Willst du mal probieren?

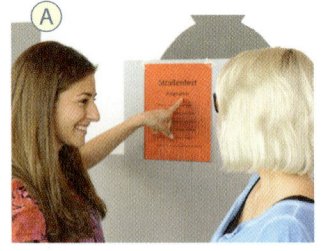

**b** Schau die Bilder an, hör zu und vergleiche.

7 ◉))

**c** **Hör noch einmal. Was ist richtig, (a) oder (b)?**

7 ))))

| | | (a) | (b) |
|---|---|---|---|
| 1. | Die Leute in Köln feiern | gern. | nicht gern. |
| 2. | Zumba® mit Ben Becks ist | um 17:30 Uhr. | nicht um 17:30 Uhr. |
| 3. | Luisa und Anna wollen | tanzen. | nicht tanzen. |
| 4. | Anna hat | Hunger. | keinen Hunger. |
| 5. | Luisa möchte | eine Bratwurst. | keine Bratwurst. |
| 6. | Anna kauft | Pommes. | keine Pommes. |
| 7. | Anna möchte | Ketchup. | keinen Ketchup. |
| 8. | Luisa findet die Pommes | lecker. | nicht lecker. |
| 9. | Philipp ist | Luisas Nachbar. | nicht Luisas Nachbar. |
| 10. | Der Junge ist | Philipp. | nicht Philipp. |

**4** **Was kann man auf einem Straßenfest nicht machen? Was glaubst du?**

ein Computerprogramm schreiben ✕ Limo trinken ✕
auf die Toilette gehen ✕ bis spät in die Nacht feiern ✕
einen Filmstar treffen ✕ Hausaufgaben machen ✕
ein Hähnchen grillen ✕ viel Geld finden ✕ reiten ✕
tanzen und singen ✕ Schränke und Betten kaufen ✕
die Nachbarn nerven ✕ seinen Geburtstag feiern ✕
eine Eins in Englisch bekommen ✕ Torte oder
Eis probieren

| Negation |
|---|
| **kein-** |
| Da kann man keine Gitarre kaufen. |
| Da kann man keine Fünf bekommen. |
| **nicht** |
| Da kann man nicht schwimmen. |
| Da kann man nicht gut schlafen. |

*Auf einem Straßenfest kann man
kein Computerprogramm schreiben.*

 AB, Ü 4–6   GRAMMATIK, Ü 7   Ü 8–10

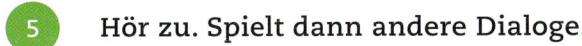

*Kein- steht direkt vor dem Nomen. Aber beim Namen sagst du nicht.*

**5** **Hör zu. Spielt dann andere Dialoge.**

8 ))))

für die Klassenarbeit lernen ✕ ein Picknick machen ✕ ins Schwimmbad gehen ✕
einen Film sehen ✕ einen Salat machen ✕ Würstchen grillen ✕ einen Kuchen backen

● Gehen wir zum Straßenfest?
◆ Keine Lust. Ich will nicht zum Straßenfest gehen.
● Nun komm schon!
◆ Ich will aber nicht zum Straßenfest gehen.
● Okay. Dann frage ich eben Tim.

**6a** **Schau das Bild rechts an. Was glaubst du? Was passiert jetzt?**

(a) Es regnet. Anna und Luisa gehen nach Hause.
(b) Das Fest ist aus. Anna und Luisa essen Hähnchen.
(c) Sie gehen ins Zelt und tanzen Zumba®.

**b** **Hör zu. Was machen sie?**

9 ))))

(a) Zumba® tanzen    (c) Autoskooter fahren
(b) Tee trinken    (d) zu Anna gehen und Fotos anschauen

**7** Schau die Bilder an und lies den Dialog.
Beantworte dann die Fragen.

*Anna:* Schau mal hier: Zum Oktoberfest
tragen bei uns ganz viele Leute
Dirndl oder Lederhose.

*Luisa:* Du auch?

*Anna:* Natürlich! Ich finde, das sieht
total schön aus.

*Luisa:* Ja, das finde ich auch.

*Anna:* Am Dienstag ist immer Familientag.
Fünfer Looping, Autoskooter und Riesenrad –
das kostet dann alles nicht so viel.

*Luisa:* Ach, ich möchte auch gern mal zum
Oktoberfest!

*Anna:* Dann komm doch nächstes Jahr mit!

*Luisa:* Echt? Gern. Oh, was ist das denn?

*Anna:* Ein Zelt.

*Luisa:* Das ist aber groß!

*Anna:* Ja, hier sitzen die Leute, hören Musik, singen
mit, trinken und essen etwas und haben
Spaß zusammen.

*Luisa:* Und das ist auf dem Oktoberfest,
wirklich? Das sieht ja schön aus!

*Anna:* Das ist auch schön! Ich gehe jedes Jahr auf die „Wiesn" –
so nennt man bei uns in München das Oktoberfest.

*Luisa:* Sag mal, trinken dort alle Leute immer nur Bier?

*Anna:* Quatsch, du kannst auch Limo, Spezi, Cola oder Saft trinken.

*Luisa:* Und was isst man denn so bei
euch, auf der … „Wiesn"?

*Anna:* Na ja, Würstchen zum Beispiel
oder Hähnchen und eine Breze.

*Luisa:* Und diese Herzen auch?

*Anna:* Die Lebkuchen-Herzen kann man essen. Oder man
verschenkt sie oder behält sie als Souvenir. Ich sammle
sie, ich habe schon fünf. Warte, ich zeige sie dir.

1. Wann ist der Familientag und was ist das?
2. Was machen die Leute im Zelt?
3. Wie heißt das Oktoberfest in München?

4. Was trinkt man auf dem Oktoberfest?
5. Was kann man da essen?

→ AB, Ü 11–13

**8** Und bei euch? Gibt es in eurer Stadt auch ein Volksfest?

Bei uns gibt es …
Es heißt …
Und bei euch?

*Personalpronomen im Dativ*

Bei uns gibt es …
Gibt es bei euch …?

→ AB, GRAMMATIK, Ü 14  Ü 15

**9** Wie war dein letztes Volksfest?

haben gekauft • sind gefahren • sind gegangen • haben gesehen •
haben getragen • haben gelacht • haben gegessen • haben probiert •
haben besucht • haben getrunken • haben gesungen • haben getanzt •
haben gefeiert • …

Wir sind
zusammen …
Dann haben …
Außerdem …

→ AB, SCHREIBTRAINING, Ü 16

**10a** Welche Lebkuchen-Herzen gibt es zu welchem Fest? Was glaubst du? Nicht alle passen.

zu Weihnachten ✖ zu Ostern ✖ zum Muttertag ✖ zum Geburtstag ✖ zum Oktoberfest

 ①  ②  ③  ④  ⑤

◆ Lebkuchen-Herz 1 gibt es …

**b** Gibt es bei euch auch Lebkuchen-Herzen? Was isst man bei euch? Berichtet.

Bei uns …

**c** Mal ein Lebkuchen-Herz und schreib einen
Text darauf. Zeig es dann den anderen.
Wem schenkst du es zu welchem Fest?

Mein
Lebkuchen-Herz
schenke ich
meinem Bruder zu
Weihnachten.

*Präposition zu*

Wann? zu + Dativ

zu Weihnachten
zum Geburtstag

→ AB, GRAMMATIK, Ü 17  Ü 18

## Was ist dein Lieblingsfest?

**1** **Welches Bild passt zu welchem Fest?**

Karneval, Fasching und Fasnacht bezeichnen dasselbe Fest.

Halloween × Karneval × Silvester × Weihnachten

(A)

(B)

(C)

(D)

**2** Lies die Fragebögen. Notiere mit deiner Partnerin / deinem Partner zu jedem Fragebogen zwei Informationen, die ihr besonders interessant findet.

NAME: *Selina aus Graz*

**Was ist dein Lieblingsfest?**
*Weihnachten*

Wie bereitest du das Fest vor?
*Meine Schwester und ich basteln viel und wir backen mit meiner Mutter Weihnachtskekse. Einige Tage vor Weihnachten kaufe ich noch die Geschenke und packe sie schön ein. Ich lege die Geschenke dann unter den Weihnachtsbaum.*

Was macht ihr? Was ist typisch?
*Am 24. gehen wir am Nachmittag in die Kirche. Zu Hause warte ich dann in meinem Zimmer, ein Glöckchen klingelt und dann kann ich ins Wohnzimmer. Meine Schwester und ich spielen ein Lied auf der Flöte und wir singen zusammen. Und dann gibt es endlich die Geschenke!*

Wer feiert zusammen?
*Meine Familie: meine Eltern, meine Schwester Julia, Oma Maria und Opa Hubert, Tante Eva und Onkel Max.*

Was esst ihr?
*Wir essen meistens Fisch oder einen Braten mit Knödeln. Und natürlich viele Kekse. Mmm!*

Warum magst du das Fest?
*Es gibt viele Geschenke ☺ und die Kekse sind so lecker. Am liebsten esse ich Vanillekipferl.*

Hast du ein Foto von dem Fest?
*Ja, das ist meine Familie und das ist unser Weihnachtsbaum.*

NAME: *Leon aus Basel*

**Was ist dein Lieblingsfest?**
*Fasnacht*

Wie bereitest du das Fest vor?
*Ich suche mir ein Kostüm aus und meine Oma macht es für mich. Sie kann sehr gut nähen.*

Was macht ihr? Was ist typisch?
*Ich gehe mit meinen Eltern und Geschwistern immer zur Familien-Fasnacht. Wir verkleiden uns alle: zum Beispiel meine Eltern als Vampire, mein Bruder als Cowboy, meine kleine Schwester als Prinzessin und ich als Pirat. So machen wir am Dienstagmorgen beim Umzug durch die Altstadt von Basel mit.*

Wer feiert zusammen?
*Eigentlich die ganze Stadt! Alle Basler sind an Fasnacht auf den Straßen!*

Was esst ihr?
*Wir essen immer Basler Mehlsuppe und Zwiebelwähe oder Käsewähe. Eine Wähe sieht aus wie eine Pizza, schmeckt aber viiiiel besser!*

Warum magst du das Fest?
*Die Kostüme sind so schön und wir feiern drei Tage lang. Wir sagen, Fasnacht, das sind die „drey scheenschte Dääg." (das heißt: die „drei schönsten Tage")*

Hast du ein Foto von dem Fest?
*Das ist ein Waggis. Sie sehen lustig aus und von den Waggis bekommen wir immer ganz viele Bonbons.*

**3** Vergleicht eure Informationen in der Klasse.

**4** **Wie feiert man bei euch Weihnachten und Fasnacht/Karneval? Was ist dein Lieblingsfest?**

## Wir machen ein Fest!

**1** Eure Klasse bekommt Besuch aus Deutschland. Deshalb möchtet ihr ein Fest machen. Wie ist das Fest? Sammelt Ideen.

> Wir können ein Kostümfest machen.

> Wir gehen Eis essen!

> Wir können auch ...

**2** Macht Gruppen. Jede Gruppe wählt ein Motto und plant ein Fest. Macht Notizen.

Motto: ( ? )     Zeit: ( ? )     Essen: ( ? )     Musik: ( ? )
Ort: ( ? )     Aktivitäten: ( ? )     Getränke: ( ? )     Wer macht was: ( ? )

**3** Macht ein Einladungsplakat zu eurem Fest.

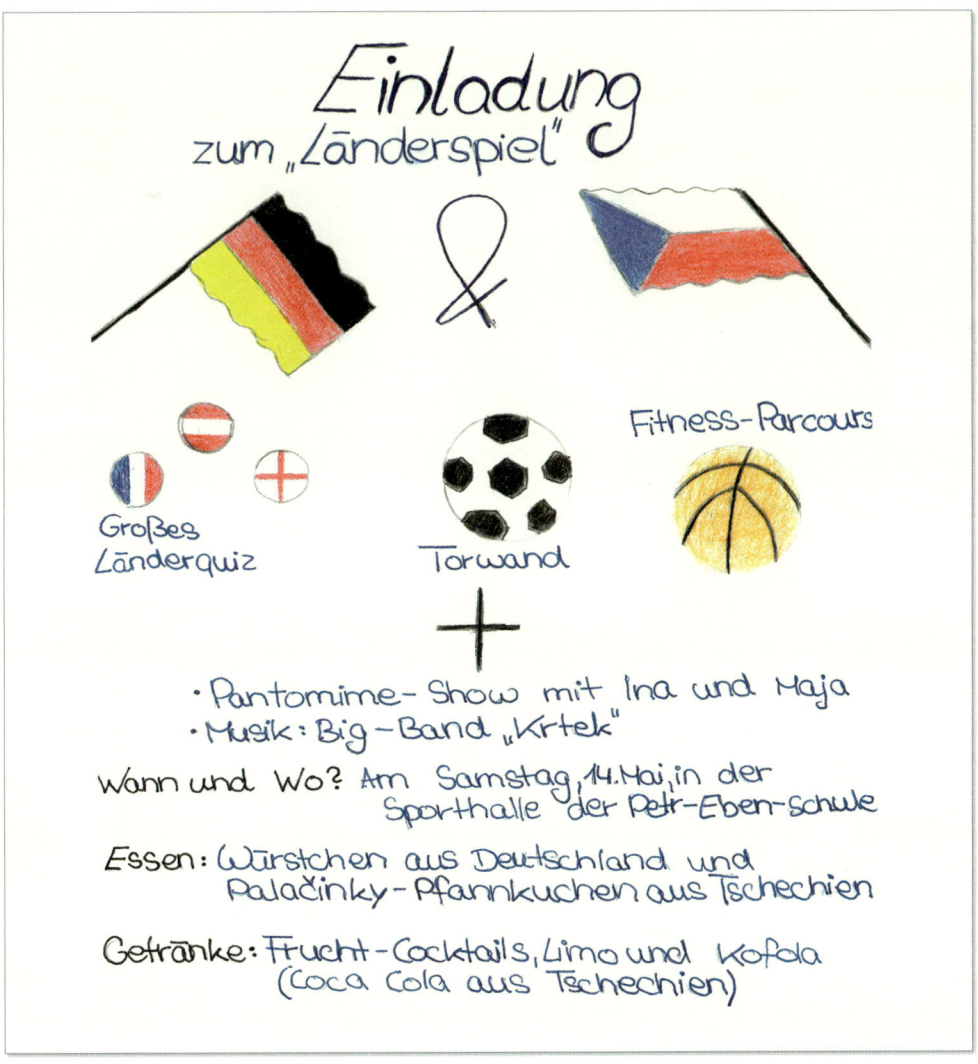

**4** Präsentiert euer Plakat in der Klasse.

## Grammatik

### Reflexive Verben

|  |  | Reflexiv-pronomen |  |  | Reflexiv-pronomen |
|---|---|---|---|---|---|
| **sich freuen** | | | **sich freuen** | | |
| ich | freue | mich | wir | freuen | uns |
| du | freust | dich | ihr | freut | euch |
| er/es/sie | freut | sich | sie/Sie | freuen | sich |

*auch so:* sich fühlen, sich ärgern, sich treffen, sich streiten

Wie fühlst du dich?

Super! Ich freue mich. Heute habe ich Geburtstag.
☺

### Positionsverben *liegen, stehen, hängen + Präposition + Dativ*

📁 Der Comic liegt im Badezimmer.

📁 Der Computer steht auf dem Tisch.

📁 Das Bild hängt an der Wand.

📁 Die Teppiche liegen in den Zimmern.

Wo steht der Stuhl?

In der Küche.

!

liegen → hat gelegen
stehen → hat gestanden
hängen → hat gehangen

### Possessivartikel im Dativ zu *wir, ihr*

| wir | ihr |  | wir | ihr |  |
|---|---|---|---|---|---|
| unser | euer | Computer | unsere | eure (!) | Wohnung |
| unser | euer | Zimmer | unsere | eure (!) | Stühle |

ihr

wir

Ist das eure Schule?

Das ist unsere Schule.

### Personalpronomen: Dativ

| *Nominativ* | ich | du | wir | ihr |
|---|---|---|---|---|
| *Dativ* | mir | dir | uns | euch |

Gibt es bei euch ein Volksfest?

Ja, bei uns gibt es das Frühlingsfest im Mai.

### Negation: *kein-* und *nicht*

| ☺ | ☹ kein- |
|---|---|
| Ich will Schokolade.<br>Das ist ein Spiel. | Ich will keine Schokolade.<br>Das ist kein Spiel. |

| ☺ | ☹ nicht |
|---|---|
| Ich will spielen.<br>Das Eis ist lecker.<br>Ja, jetzt.<br>Marco ist mein Freund.<br>Das ist der Park.<br>Das ist Philipp. | Ich will nicht spielen.<br>Das Eis ist nicht lecker.<br>Nein, nicht jetzt.<br>Marco ist nicht mein Freund.<br>Nein, das ist nicht der Park.<br>Das ist nicht Phillip. |

Ich will nicht spielen.

Ich will keine Schokolade.

### Präpositionen

*ohne* **+ Akkusativ**

Ohne meinen Laptop / Ohne mein Smartphone /
Ohne meine Brille / Ohne meine Ohrringe / Ohne dich ...

kann ich nicht leben.

**zu + Dativ + Feste/Feiertage**

**mit Artikel**

der Geburtstag → zu meinem Geburtstag
der Muttertag → zum Muttertag

**ohne Artikel**

Weihnachten → zu Weihnachten
Ostern → zu Ostern

Wann machst du das Fest?

Zu meinem Geburtstag.

**Syntax: Sätze mit reflexiven Verben**

| | | | | |
|---|---|---|---|---|
| *Aussagesatz* | Anna | fühlt | sich | gut. |
| | Ich | habe | mich | sehr | gefreut. |
| | Fabio | will | sich | nicht | ärgern. |
| | Gestern | habe | ich | mich | gefreut. |
| *Ja-/Nein-Frage* | Freust | du | dich? | |
| | Hast | du | dich | allein | gefühlt? |
| *W-Frage* | Wie | fühlst | du | dich? |
| | Wer | streitet | sich | oft? |
| *Imperativ* | Ärgere | dich | nicht! | |

# Ich kann ...

*mein Zimmer und meine Wohnung beschreiben:*
▼ Wie ist eure Wohnung? ◆ Unsere Wohnung ist chaotisch: Die Stühle stehen auf dem Balkon. Die Poster hängen noch nicht an der Wand und der Teppich liegt noch auf dem Tisch.

*sagen, wo etwas ist:* Auf dem Bett liegen Pullover, am Schrank steht eine Gitarre und an der Tür hängt ein Hut.

*einen Rat geben:* Ich räume jeden Tag etwas anderes auf. Probier es doch auch mal aus! Vielleicht hilft es dir. / Versuch es doch auch mal. / Hast du es schon einmal mit … versucht?

*über Gefühle sprechen:* ■ Wie fühlst du dich?
● Ich habe mich mit meiner Freundin gestritten. / Ich habe mich geärgert. / Ich freue mich. / Ich fühle mich allein.

*über mein Befinden sprechen:*
▲ Wie geht es dir? ◆ Es geht so. / Naja.
▲ Was ist denn passiert? ◆ Ach, ich habe mich mit Peter gestritten.

*Personen charakterisieren:*
■ Wie ist euer Lehrer? ▼ Unser Lehrer ist echt nett/streng/stressig/nervös.
● Wie ist …? ◆ Sarah ist unpünktlich und ein bisschen faul. / Markus ist ziemlich egoistisch. / Maria ist meistens nett und optimistisch.

*etwas verneinen:*
Auf einem Fest kann man keine Hausaufgaben machen. Und man kann nicht schlafen.

*einen Vorschlag machen und ihn ablehnen:*
● Gehst du mit zum Straßenfest? ■ Nein, keine Lust. / Ich will nicht zum Straßenfest gehen.

*über ein Fest berichten:*
Zum Oktoberfest tragen bei uns viele Leute Dirndl oder Lederhose. Da kann man Musik hören, mitsingen, etwas trinken und essen und zusammen Spaß haben.

*etwas vergleichen:*
◆ Unsere Schule ist modern. Und eure Schule?
● Ach, unsere Schule ist ziemlich alt.
▼ Bei uns gibt es Musik. Bei euch auch?
■ Ja, bei uns gibt es Musik und die Leute tanzen.

## Lektion 19

**1** Welche Möbel und Sachen aus einer Wohnung sind das?
Ergänze die Wörter und schreib eine Liste.

S ? NK    T ? H    CO ? R

R ? L    K ? K    S ? L

T ? H    B ? T    SE ? L    S ? A    SP ? L    L ? E    PO ? R

**2** Zeichne die Wohnung groß in dein Heft. Zeichne dann
die ersten fünf Möbel aus Aufgabe 1 in die Wohnung.
Deine Partnerin / Dein Partner rät: Wo sind sie?

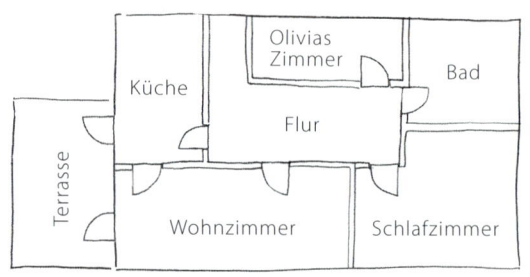

- ● Steht das Sofa im Wohnzimmer?
- ◆ Nein.
- ● Steht es in Olivias Zimmer?
- ◆ Ja.

## Lektion 20

**1** Wie fühlen sich die Personen?

Ⓐ    Ⓑ    Ⓒ    Ⓓ

**2** Arbeitet in Gruppen (vier oder fünf Personen). Beschreibt jemanden aus der Gruppe:
Was ist typisch für sie/ihn? Die anderen raten: Wer ist das?

- ▼ Er kann gut Witze erzählen. Er liebt Basketball und findet seine Freunde sehr wichtig.
  Meistens ist er nett, aber manchmal nervt er auch.
- ■ Ist das David?

## Lektion 21

**1** Ergänze den Wortigel mit den Wörtern.

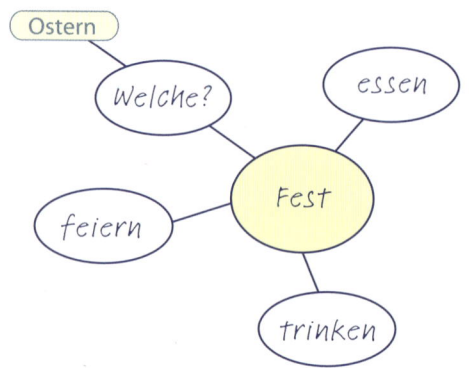

| ~~Ostern~~ × singen × Kaffee × Torte × Bratwurst × |
|---|
| tanzen × Saft × Geburtstag × Spezi × Bier × |
| Hähnchen × Pommes × Limo × Lebkuchen-Herz × |
| Oktoberfest × Breze × Musik hören × Weihnachten |

**2** Wie war dein Geburtstag? Mach Sätze und „Quatsch-Sätze".
Deine Partnerin / Dein Partner entscheidet: Stimmt das oder nicht?

- ▲ Zu meinem Geburtstag haben wir Würstchen gegrillt.   ■ Ja, das stimmt vielleicht.
- ▲ Zu meinem Geburtstag habe ich kein Geschenk bekommen.   ■ Quatsch.

# Fabio

## KÖLNER KARNEVALSZEITUNG

*Bunt, bunter, am buntesten: Karneval in Köln!*

### Jecken*-Porträt: Pirat Fabio

Fabio Schmidt geht in die Klasse 8 der Gutenberg-Schule. Bei ihm steht Sport an erster Stelle. Sport ist sein Lieblingsfach. Er spielt gern Fußball und Handball, eigentlich macht Fabio fast jeden Sport gern.

„Ich muss einfach immer aktiv sein", sagt er. Nur für die Hausaufgaben hat Fabio nicht viel Zeit. Er hat ja so viel zu tun! In seiner Freizeit trainiert Fabio den „FC Regenbogen". Das sind Kinder aus verschiedenen Ländern, die alle in Köln leben und zusammen Fußball spielen. Sie haben auch schon einige Spiele gewonnen. Fabio macht das ganz toll mit der Mannschaft. Die Jungen spielen gern zusammen, sie sind ein super Team. Und sie lieben ihren Trainer und haben viel Spaß zusammen. Und auch dieses Jahr kommen die Kicker wieder zum Karneval – als Piratenmannschaft mit ihrem Kapitän Fabio! Fabio hat einen Bruder, Leon (15). Zusammen mit ihren Eltern haben die zwei schon als Kinder Karneval gefeiert. Leon spielt Gitarre und singt in einer Karnevalsband. Tanzen und singen ist aber nichts für Fabio. Er läuft viel lieber hinter einem Fußball her.

*Jeck = Teilnehmer am Karneval

---

**1**    Lies den Text oben. Notiere drei wichtige Informationen zu Fabio.

**2**    Lies den Text noch einmal und schau die Bilder an. Wie ist Fabio? Was glaubst du?

> jung • alt • blond • groß • klein • schlank • hübsch • lustig • mutig • (un)freundlich • neugierig • süß • (un)sympathisch • chaotisch • (un)romantisch • verrückt • intelligent • fleißig • langweilig • nett • komisch • (un)sportlich • (un)ordentlich • dumm • toll • traurig • verliebt • witzig • …

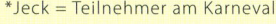

**Lernziele**

etwas vergleichen ● etwas abschwächen ● Ablehnung ausdrücken ● um Erlaubnis bitten und sagen, was erlaubt ist ● ein Verbot ausdrücken ● nach dem Weg fragen und den Weg beschreiben ● die Meinung sagen ● etwas begründen

# Wir sind ein super Team!

**1** Das Fußball-Lexikon. Was passt zusammen?

① der Kapitän     ③ ein Tor schießen     ⑤ der Trainer

② die Mannschaft     ④ der Torwart     ⑥ dribbeln

*Deutsch / Sport*

**2a** Hör zu. Wo ist Fabio?

ⓐ auf dem Fußballplatz      ⓑ im Studio      ⓒ zu Hause

**b** Hör nun das ganze Interview. Ist das richtig Ⓡ oder falsch Ⓕ?

1. Fabio mag Fußball sehr.     r   f
2. Die Spieler in der U11 sind 9 oder 10 Jahre alt.     r   f
3. Ein Problem beim Training sind die vielen Sprachen.     r   f
4. Das Training mit den Jungen macht Fabio Spaß.     r   f
5. Fabio und die Jungen streiten sich oft und haben viele Probleme.     r   f
6. Fabio hat super Noten in der Schule.     r   f
7. Fabio möchte mit seiner Mannschaft ein paar Spiele gewinnen.     r   f

**c** Hör noch einmal und ergänze den Text.

Alle Jungen leben in ( 1 ), aber ihre Familien ( 2 ) aus verschiedenen Ländern. Ahmets ( 3 )
ist Marokkaner, Davids ( 4 ) ist Spanierin und Alex' ( 5 ) sind Russen. Beim Training sprechen
aber alle Spieler ( 6 ). Die Mannschaft ist nicht nur beim Training zusammen. Die Jungen
machen in ihrer Freizeit auch ( 7 ) und Ausflüge. Und sie gehen alle zusammen zum Karneval.

→ AB, Ü 1–4

**3** Hör zu. Welche Nationalität haben die Personen?

12

Amerikaner/Amerikanerin ✖ Brasilianer/Brasilianerin ✖
Deutscher/Deutsche ✖ Italiener/Italienerin ✖ Türke/Türkin ✖
Spanier/Spanierin ✖ Engländer/Engländerin ✖ Russe/Russin

◆ Ich glaube, der Mann / die Frau ist …

→ AB, Ü 5    GRAMMATIK, Ü 6–7    Ü 8

*Nationalitäten*

|  |  |
|---|---|
| Russe | Russin |
| Brasilianer | Brasilianerin |
| Deutscher | (!) Deutsche |

**4a** Schau die Bilder an und lies die Sätze 1–5. Was passt zusammen?

Jetzt aber Ruhe!

1. Darf ich jetzt ein Tor schießen?
2. Darf ich heute Kapitän sein?
3. Dürfen wir mal Wasser trinken?

4. Darf ich mal auf die Toilette?
5. Darf Alex jetzt auch mal Torwart sein?

**b** Was antwortet Fabio? Spielt dann die Szenen.

 Ja, klar.

 Nein, jetzt nicht.

**5** „Nervt" eure Lehrerin / euren Lehrer.

 A
 B
 C
 D
 E
 F

◆ ⟨ Darf ich / Dürfen wir │ heute mal …? / jetzt …?

▼ ⟨ Ja, … / Nein, …

→ AB, GRAMMATIK, Ü 9    Ü 10–11

*Modalverb* dürfen

| ich | (!) darf |
|---|---|
| du | darfst |
| er/es/sie | (!) darf |
| wir | dürfen |
| ihr | dürft |
| sie/Sie | dürfen |

**6** Wie ist deine Traumschule?
Schreib einen Text.
Lest dann die Texte vor.

*In meiner Traumschule dürfen wir …*

**7a** Lies die Titel und schau die Bilder in 7b an. Welcher Titel passt zum Text?

① **Action-Film mit Robotern**

**Roboter spielen Fußball** ③

② **Raumschiff mit Robotern fliegt zum Mond**

**b** Lies Zeile 1–13. Kontrolliere deine Antwort in 7a.

Du glaubst es vielleicht nicht – aber so sehen Weltmeister aus!

Hier spielen keine Menschen Fußball, hier spielen
Roboter der Technischen Universität Darmstadt.
Sie heißen „Darmstadt Dribblers" und spielen
5 besser als alle anderen Roboter auf der Welt. Sie
haben mit 10:0 im Endspiel der RoboCup-Welt-
meisterschaft gewonnen und sind Weltmeister!

Die Roboter kommunizieren per WLAN und haben 21 Motoren und eine Kamera auf dem Kopf.
So können sie laufen und dribbeln, so spielen sie den Ball und schießen Tore.

10 Das ist Isra (links), Torschütze der „Darmstadt Dribblers".
Isra spielt seit 2008 in der Mannschaft und hat mehr
Tore geschossen als alle anderen: 16 Tore. Isra ist
57,5 cm groß und wiegt 3,3 Kilo.

Jan (rechts) ist schon ein bisschen älter und nicht so
15 schnell wie Isra. Er ist so schwer wie Isra, aber etwas
kleiner (55 cm). Und er schießt nicht so viele Tore.
Isra ist moderner und läuft einfach schneller.

Gegen die Spieler des FC Bayern, des FC Barcelona oder Real Madrid haben Isra und Jan aber
noch keine Chance. Menschen sind immer noch schneller, intelligenter und besser als die Roboter
20 aus Darmstadt. Noch! Aber die Studentinnen und Studenten an der Universität Darmstadt
arbeiten weiter.

**c** Lies den Text in 7b. Was ist richtig? Lies vor.

1. Die Darmstadt-Dribblers sind   Roboter / Menschen  .

2. Sie haben 10:0  gewonnen / verloren  .

3. Die Roboter haben eine Kamera auf dem Kopf. So können sie  fernsehen / Fußball spielen  .

4. Isra hat  noch kein Tor / schon 16 Tore  geschossen.

5.  Studenten an der Universität Darmstadt / Fußballspieler  arbeiten weiter an den Robotern.

**d** **Was passt: *Isra, Jan* oder *ein Mensch*?**

1. ( ? ) ist älter als Isra.
2. ( ? ) ist kleiner als Isra.
3. ( ? ) ist moderner als Jan.
4. ( ? ) läuft schneller als Isra.
5. ( ? ) ist intelligenter als Isra.
6. ( ? ) spielt besser als Isra.

→ AB, Ü 12–13   GRAMMATIK, Ü 14   Ü 15–16

| *Komparativ* | | |
|---|---|---|
| klein | → | klein**er** |
| alt | → | (!) **ä**lter |
| gut | → | (!) besser |

**8** **Spiel mit deiner Partnerin / deinem Partner. (Arbeitsbuch: (A) = Seite 87 und (B) = Seite 90)**

**9** **Bilde Paare und vergleiche.**

ein Sumo-Ringer • ein Basketballspieler • eine Hausfrau • ein Rock-Star • Asterix

Obelix • ein Fußballspieler • ein Jockey • eine Ballett-Tänzerin • ein Politiker

◆ Ein Sumo-Ringer isst mehr als ein Jockey.
▼ Eine Ballett-Tänzerin ist kleiner als ein Basketballspieler.

*Vergleich mit* als

Asterix ist kleiner als Obelix.

**10** **Schau die Bilder an und lies die Sätze unten. Welche Informationen fehlen?**

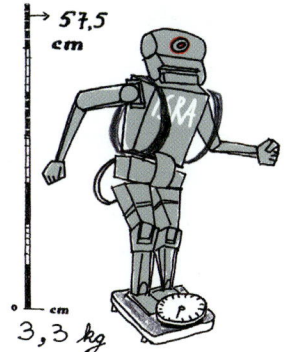

→ 57,5 cm

3,3 kg

← 55 cm

3,3 kg

Du schreibst *57,5 cm*, du sagst *57 Komma 5 Zentimeter.*

1. Isra ist 57,5 cm groß.
2. Isra ist 3,3 Kilo schwer.

Heiner ist ( ? ) cm groß.
Heiner ist ( ? ) Kilo schwer.

→ Isra ist ( ? ) als Heiner.
→ Isra ist so schwer wie Heiner.

→ AB, GRAMMATIK, Ü 17   Ü 18–19

**11** **Hör zu. Spielt dann andere Dialoge.**

13 •))

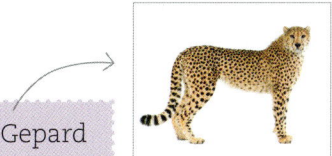

Albert Einstein ✕ Lionel Messi ✕ Schokolade ✕ ein Fotomodell ✕ ein Gepard

● Du singst so gut wie Céline Dion.
▲ Nein! Ich singe sogar besser als Céline Dion.

*Vergleich*

Du singst so gut wie Céline.
Du singst besser als Céline.

● ☹ Machst du Witze?
So ein Unsinn!
Erzähl doch keinen Quatsch.

● 🙂 Hm, na ja. Eigentlich hast du recht.
Ja, das stimmt eigentlich.

→ AB, Ü 20

**23**
LEKTION

## Schlösser für die Liebe

Sie sind rot, grün, blau, braun, gelb, orange oder lila. Sie haben ein Herz oder auch zwei, eine Rose oder zwei Ringe. Auf jeden Fall haben sie zwei Namen: Julia & Tom, Silke & Ricky, Sofia & Ben. Dann steht da eine Stadt und auch ein Datum „Berlin, 10.05.2014" und vielleicht noch „für immer", „4ever" oder, italienisch, „per sempre".

**1a** Schau die Bilder oben an und lies den Anfang des Artikels in Annas Zeitschrift. Wie findest du das Thema?

**b** Lies den ganzen Artikel und die Sätze 1–5 unten. Ist das richtig (r) oder falsch (f)?

5 Die Idee kommt wahrscheinlich aus Italien, aber jetzt kennt man die Liebesschlösser in der ganzen Welt: Man hängt sie in Rom, Berlin, Hamburg, Paris oder Wien an eine Brücke und wirft den Schlüssel in den Fluss. Nun hängt
10 das Schloss für immer an der Brücke, so wie Julia und Tom, Silke und Ricky, Sofia und Ben sich hoffentlich für immer lieben.
Und wo hängen die meisten Liebesschlösser auf der Welt? In Köln, auf der Hohenzollern-
15 brücke! Dort gibt es schon vierzigtausend (40.000!). Sie wiegen zusammen 15 Tonnen! Aber in Köln darf man immer noch Schlösser aufhängen. Die Stadt sagt, das ist kein Problem.

In Venedig und Berlin ist das jetzt verboten.
20 Dort darf man keine Schlösser mehr aufhängen. Auch andere Städte erlauben das nicht mehr, zum Beispiel Salzburg. Dort hat die Stadt viele Schlösser wieder weggenommen. Tobias und Sarah finden das gut: „Es gibt hier schon so viele
25 Liebesschlösser", sagen sie. „Man kann seine Liebe auch anders zeigen."
Und ihr? Wie findet ihr Liebesschlösser? Macht mit bei unserer Umfrage und gewinnt eine Reise nach Köln für zwei Personen! Schickt
30 eure Antworten an *info@liebesschloesser.com* und dann …

**… viel Glück!**

1. Auf Liebesschlössern sieht man Namen und vielleicht ein Herz.　(r) (f)
2. Liebesschlösser gibt es nur in Italien.　(r) (f)
3. Die Paare dürfen den Schlüssel nicht verlieren. Das bringt Pech.　(r) (f)
4. In Köln gibt es schon sehr viele Schlösser auf der Brücke.
   Deshalb darf man dort keine Schlösser mehr aufhängen.　(r) (f)
5. In Venedig, Salzburg und Berlin sind die Schlösser jetzt verboten.　(r) (f)

**2** Und wie findest du Liebesschlösser? Könnt ihr in eurer Stadt auch Liebesschlösser aufhängen? Schreib eine Antwort an die Zeitschrift.

→ AB, Ü 1–3

**3a** Was darf man hier tun? Was darf man nicht tun?

A: Hier darf man keinen Hund mitnehmen.

**b** Was darf man bei euch in der Stadt nicht machen?

◆ Bei uns darf man an den Häusern keine Graffitis machen.
▼ Bei uns darf man in der Nacht nicht laut Musik machen.

→ AB, GRAMMATIK, Ü 4   Ü 5–7

dürfen + Negation

Hier darf man nicht fotografieren.

Hier darf man keine Fotos machen.

**4** Schau die Skizzen an und lies die Beschreibungen. Was passt zusammen?

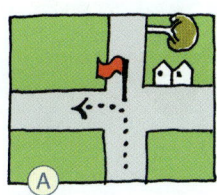 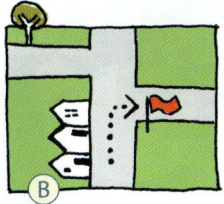   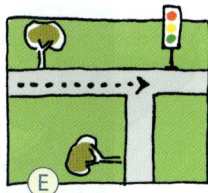

1. an der Ecke nach rechts
2. bis zur Ampel

3. an der Kreuzung nach links
4. die Straße bis zum Ende

5. immer geradeaus bis zu den Häusern

**5a** Hör Teil 1 des Gesprächs. Warum ruft Anna Fabio an?

**b** Hör das Gespräch weiter und lies dann Teil 2 mit. Vergleiche dann mit dem Stadtplan: Beschreibt Fabio Weg 1 oder Weg 2?

Fabio: Also, pass auf, du gehst die Hühner-gasse bis zum Ende und an der Ecke nach links. An der nächsten Kreu-zung gehst du dann nach rechts.
Anna: Okay, also zuerst nach links, dann nach rechts.
Fabio: Du bist dann in der Lintgasse. Dann gehst du einfach immer geradeaus, bis zum Fischmarkt. Und dann nach links. In der Nähe ist eine Kirche.
Anna: Fischmarkt? Kirche? Boah, das ist aber kompliziert!

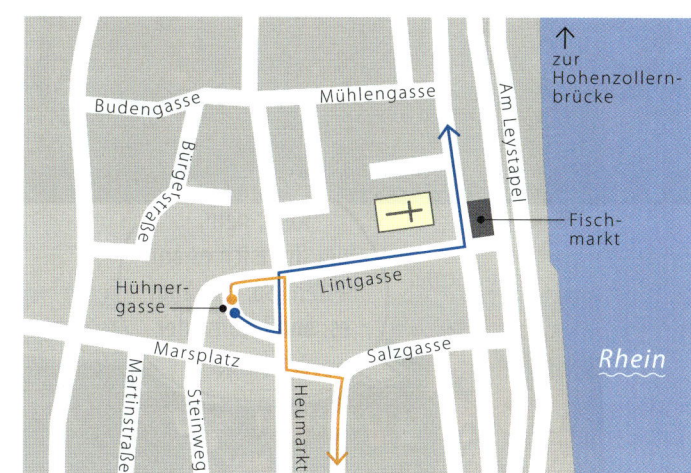

**c** Hör das Ende des Gesprächs und beantworte die Fragen.

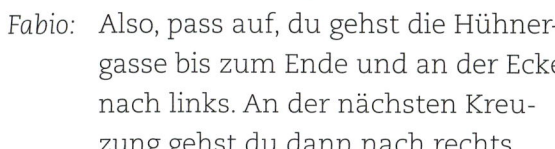

• Was macht Fabio?   • Bis wohin muss Anna gehen?

→ AB, Ü 8   GRAMMATIK, Ü 9   Ü 10–12

Präposition bis zu

Bis wohin? bis zu + Dativ

bis zum Markt / zum Ende
bis zur Ampel
bis zu den Häusern

**6** Spiel mit deiner Partnerin / deinem Partner.
(Arbeitsbuch: A = Seite 88 und B = Seite 91)

**24** LEKTION

> Frau Homburg hat gesagt, wir sollen den Aufsatz vorbereiten.

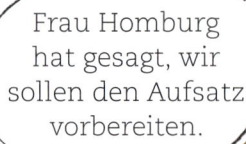

**Hausaufgaben**

**Deutsch:** Aufsatz zum Thema „Handyverbot in der Schule?" vorbereiten ☹

**Mathe:** S.37, Aufgabe 5 + 6

**Englisch:** S.45, Vokabeln wiederholen, Fehler korrigieren, Diktat üben

**Chemie:** Formeln lernen !

**Notizen:** Klassenarbeit in Physik, Vokabeltest in Englisch

**1** Schau das Bild an, lies die Sprechblase und die Notizen. Was machen Anna, Fabio und Tim?

**2a** Was passt zusammen? Was glaubst du?

1. Fabio    a) ist super in Mathe.
2. Tim    b) ist schlecht in Mathe und braucht Hilfe.
3. Anna    c) möchte lieber etwas anderes machen.

**b** Hör dann zu und vergleiche mit deinen Antworten in 2a.

17

**c** Hör noch einmal. Wer sagt das? Fabio, Anna oder Tim?

17

1. ( ? ): Wollt ihr jetzt wirklich Hausaufgaben machen?
2. ( ? ): Also, was haben wir denn auf?
3. ( ? ): Frau Homburg hat gesagt, wir sollen den Aufsatz vorbereiten.
4. ( ? ): Wir sollen Argumente dafür und dagegen finden.
5. ( ? ): Wir sollen die Aufgaben 5 und 6 auf Seite 37 machen. Das sieht ziemlich schwierig aus.
6. ( ? ): Er findet immer die richtige Lösung.
7. ( ? ): Deutsch und Mathe, das ist wahrscheinlich genug.
8. ( ? ): Kannst du mir das erklären?
9. ( ? ): Ihr könnt schon mal anfangen.
10. ( ? ): Du sollst hier mit uns Hausaufgaben machen!

→ AB, Ü 1

> In Deutsch sollen wir die Vokabeln wiederholen.

> Was haben wir denn auf?

**3a** Macht zu zweit eine Liste mit Hausaufgaben wie in 1.

**b** Tauscht die Listen und spielt „Hausaufgaben machen".

→ AB, GRAMMATIK, Ü 2   Ü 3–5

*Modalverb* sollen

| | |
|---|---|
| ich | (!) soll |
| du | sollst |
| er/es/sie | (!) soll |
| wir | sollen |
| ihr | sollt |
| sie/Sie | sollen |

**4a** Schau das Bild an. Was ist das? Was passt zusammen?

Teller ✕ Tasse ✕ Messer ✕
Gabel ✕ Löffel ✕ Glas ✕
Stäbchen

**b** Schau die Bilder an und lies die Sprechblasen. Was sagt Tim in Bild D? Was glaubst du?

Leute, das Essen ist da! Ihr könnt doch alle mit Stäbchen essen, oder?

Ich stell schon mal die Teller auf den Tisch, okay?

Oh, die Cola ist warm. Tim, stellst du sie bitte in den Kühlschrank?

**c** Wer macht das? Fabio, Anna oder Tim?

1. ( ? ) legt die Stäbchen auf den Tisch.
2. ( ? ) soll die Cola in den Kühlschrank stellen.
3. ( ? ) stellt die Teller auf den Tisch.

*Positionsverben + Präposition + Dativ*

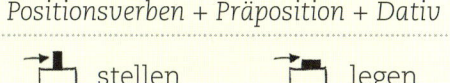

stellen — legen

**5** Ihr räumt die Küche auf. Spielt Dialoge.

| stellen | Kuchen • Tasse • Teller • Milch • Joghurt • Glas • Salat • Flasche Wasser • Apfelsaft • ... | in auf | Regal • Stuhl • Kühlschrank • Schrank • Tisch |
| legen | Brot • Gabel • Obst • Kartoffeln • Löffel • Schokolade • Stäbchen • ... | | |

● Sag mal, wohin soll ich die Milch stellen?
◆ In den Kühlschrank.
● Und die Schokolade lege ich hier auf den Tisch, okay?
◆ Ja, genau.

→ AB, Ü 6   GRAMMATIK, Ü 7   Ü 8   GRAMMATIK, Ü 9   Ü 10–11

> *Präpositionen* in, auf
>
> **Wohin?** in, auf + *Akkusativ*
>
> in den Kühlschrank
> ins Regal, auf den Tisch

**6** Unser Zimmer: Spiel mit deiner Partnerin / deinem Partner.
(Arbeitsbuch: **A** = Seite 89 und **B** = Seite 92)

**7** Hör zu und schau die Bilder an. Beantworte dann die Fragen.

18

A

B

Bild A: Wer ist das?
ⓐ Fabios Nachbar
ⓑ Jonas
ⓒ Annas Cousin

> Ich glaube, das ist ...

Bild B: Warum ist Anna nervös? Was glaubst du?
ⓐ Sie kennt ihn nicht.
ⓑ Sie hat Angst.
ⓒ Sie findet ihn toll.

> Ich glaube, Anna ist ...

**8a** Schau die Bilder an und lies den Text auf Seite 37. Welches Bild passt zum Text?

A

B

C

D

# Schule mal anders

Ein Klassenzimmer, 30 Schüler, vorn steht
der Lehrer. So sieht Unterricht aus, oder?
Nein, es ist nicht immer so, denn manchmal
müssen Kinder oder Jugendliche eine Zeit
5 lang im Ausland leben und können nicht zur
Schule gehen. Sie spielen zum Beispiel als
Schauspieler in einem Film mit oder sie sind
Musiker. Und dann geht es auch mal anders:
Sie besuchen eine Internetschule und der
10 Unterricht findet zu Hause am Computer statt.

Internetschüler lernen allein, aber sie haben
einen Lehrer. Der Lehrer oder die Lehrerin
sucht die Aufgaben für den Schüler aus,
kontrolliert die Übungen und korrigiert auch
15 die Fehler. An der Internetschule in Bochum
zum Beispiel gibt es sechs Lehrer für 35
Schüler. Die Jugendlichen können auch am
Abend oder am Wochenende lernen und ihre

Aufgaben machen, denn sie haben keinen
20 Stundenplan wie andere Schüler. Aber sie
bekommen Noten und zweimal im Jahr ein
Zeugnis. Ihre Prüfung machen die Schüler
dann an einer normalen Schule.

Ist das denn nur etwas für Stars? Nein!
25 Eine Internetschule können zum Beispiel
auch Schüler und Schülerinnen besuchen,
die mit ihren Eltern oft verreisen müssen
oder lange krank sind. „Ich finde die
Internetschule cool", sagt Elias, 15. Er hatte
30 einen Unfall und muss nun drei Monate
im Krankenhaus liegen. Aber er freut sich
schon wieder auf seine Klasse. „Ich mag
meine Mitschüler und bin gern mit ihnen
zusammen. Allein lernen ist echt schwer.
35 Das nervt manchmal."

**b** **Lies noch einmal den Text in 8a. Wie ist die Reihenfolge der Sätze?**

(?) Sie besuchen dann eine Internetschule und lernen allein zu Hause am Computer.
(?) Elias findet die Internetschule gut, aber er lernt lieber zusammen mit anderen.
(?) Ein Lehrer schickt ihnen die Aufgaben und korrigiert die Lösungen.
(1) Manchmal können Schüler keine normale Schule besuchen, denn sie leben zum
Beispiel im Ausland.
(?) In der Internetschule kann man lernen und üben, wann man will.

**9a** **Wie ist eine Internetschule? Such Informationen im Text in 8a und schreib sie in dein Heft.**

*Die Schüler lernen allein.*

**b** **Was findest du gut (☺), was findest du schlecht (☹)? Mal Smileys.**

*Die Schüler lernen allein.* ☹

**c** **Internetschule: Bist du dafür (☺) oder dagegen (☹)? Schreib Sätze und diskutiert dann in der Klasse.**

*Ich bin dagegen, denn ich lerne nicht gern allein.*

*Ich finde sie gut, denn ...*

| Konjunktion denn | | |
|---|---|---|
| Position 0 | Position 1 | Position 2 |
| ..., denn | ich | lerne | nicht gern allein. |

AB, Ü 12   GRAMMATIK, Ü 13   Ü 14–16   SCHREIBTRAINING, Ü 17

### Wir tun etwas für andere!

**1a** Lies die Fragen. Was ist richtig? Was glaubst du?

1. Wie viele Prozent der Jugendlichen sind in der Freizeit in Projekten aktiv?

   ⓐ 22 %   ⓑ fast 50 %   ⓒ fast 62 %

2. Wie viele Stunden im Monat arbeiten die Jugendlichen ungefähr in den Projekten?

   ⓐ 12 Stunden   ⓑ 17 Stunden   ⓒ 22 Stunden

**b** Lies nun den Anfang des Artikels und überprüfe deine Antworten in 1a.

> #### Haben Jugendliche heute noch Zeit für andere?
> **Schulstress, Prüfungen, Ganztagsschulen ... Können Jugendliche da noch etwas für andere tun?**
>
> „Ja", sagt Dr. Sabrina Rehn. Sie hat 2500 Jugendliche im Alter zwischen 13 und 17 Jahren gefragt: Fast 50 Prozent arbeiten in sozialen Projekten mit und helfen anderen. Sie waren circa 22 Stunden im Monat aktiv. Was machen die Jugendlichen?
>
> Dr. Rehn: „Die Schülerinnen und Schüler sind zum Beispiel in der Kirche, in der Schule oder in einem Sportverein aktiv. Es gibt viele Möglichkeiten. Wir stellen einige Jugendliche und ihre Projekte vor."

**2** Lies nun den Artikel weiter. Welches Bild passt zu welchem Projekt?

 A     B     C

① 60 Tutorinnen und Tutoren aus den Klassen 9 bis 11 gibt es an der Sophie-Scholl-Gesamtschule in Wiesbaden. Emil Bahr macht zum Beispiel Spielenachmittage und Ausflüge mit der 5. und 6. Klasse oder er ist bei Klassenfahrten dabei. Er hilft seinen „Tutis" auch bei den Hausaufgaben. „Es macht mir Spaß mit den Kleineren und ich sammle ganz viele neue Erfahrungen", sagt Emil.

② „Jung hilft Alt" – so heißt ein soziales Projekt in der Stadt Fürth. 15 Schülerinnen und Schüler aus der 8. Klasse besuchen alte Menschen in einem Altersheim. Janine Weiß und ihr Freund Alex Gruber machen Spiele mit den Senioren, zum Beispiel „Mensch ärgere dich nicht". Das ist oft sehr lustig. „Die alten Leute freuen sich, denn dann sind sie nicht so allein", sagt Alex.

③ In Krefeld sind 14 Jugendliche Paten für einen Skateplatz in ihrer Stadt. Sie machen den Platz sauber und helfen den Jüngeren. Die Schülerin Linda Fischer sagt: „Der Skateplatz ist jetzt richtig schön. Alle fühlen sich dort gut und wir sind eine tolle Gruppe. Außerdem habe ich hier endlich Skateboardfahren gelernt."

**3** Lies die Texte in 2 noch einmal. Was machen Emil, Janine, Alex und Linda?

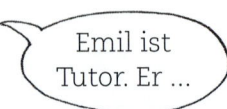
Emil ist Tutor. Er ...

**4** Welche sozialen Projekte kennst du? Hast du auch schon einmal bei einem sozialen Projekt mitgemacht? Warum?

## Unsere Stars

**1** Wer sind eure Stars? Sammelt Fotos (z.B. in der Zeitung, im Internet)
und bringt sie in die Klasse mit.

**2** In Gruppen: Was können eure Stars am besten? Macht Sätze mit Superlativen.

> Ribéry kann am besten Fußball spielen.

> Ich finde, Robert Pattinson ist am schönsten.

> Shakira kann am lautesten singen.

**3** Macht eine Collage. Schreibt die Sätze zu den Fotos.

**4** Präsentiert eure Collage in der Klasse. Welche Collage gefällt euch am besten?

## Grammatik

### ● Modalverben *dürfen, sollen*

|  | dürfen | sollen |
| --- | --- | --- |
| ich | darf | soll |
| du | darfst | sollst |
| er/es/sie | darf | soll |
| wir | dürfen | sollen |
| ihr | dürft | sollt |
| sie/Sie | dürfen | sollen |

> Herr Neumann hat gesagt, wir sollen die Vokabeln wiederholen.

### ● *dürfen* + Negation *nicht, kein*

Hier darf man nicht laufen.
Hier dürfen keine Autos fahren.

🚫 Es ist verboten.

> Dürft ihr zu Hause Partys machen?

> ☺ Ja, ich darf zu Hause Partys machen.

> Nein, ich darf zu Hause keine Partys machen. ☹

### ● Positionsverben

**legen – stellen – hängen + Präposition + Akkusativ**

 Er legt den Comic auf das Sofa.

Ich stelle die Milch in den Kühlschrank.

Das Plakat hängen wir an die Tür.

Wir legen die Teppiche in die Zimmer.

> Auf den Tisch.

> Wohin hast du die Messer gelegt?

**liegen – stehen – hängen + Dativ**

Der Comic liegt auf dem Sofa.
Die Milch steht im Kühlschrank.
Das Plakat hängt an der Tür.
Die Teppiche liegen in den Zimmern.

❗ hängen → hat gehängt
→ hat gehangen

### ● Vergleich: Komparativ und Superlativ

|  | Komparativ |  | Superlativ |
| --- | --- | --- | --- |
| klein | → kleiner | → | am kleinsten |
| modern | → moderner | → | am modernsten |
| teuer | → teurer ❗ | → | am teuersten |
| ❗ lang | → länger | → | am längsten |
| ❗ kurz | → kürzer | → | am kürzesten |

❗

| ☺ | ☺ | ☺ |
| --- | --- | --- |
| gern → lieber | → | am liebsten |
| gut → besser | → | am besten |
| viel → mehr | → | am meisten |

Daniel ist so groß wie Emma.
Janine ist größer als Emma.
Robin ist am größten.

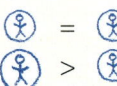

so groß wie = genauso groß wie

### Präposition *bis zu* + Dativ

| Du gehst | bis zum Bahnhof. | bis zum Stadion. | bis zur Ampel. | bis zu den Häusern. |
|---|---|---|---|---|

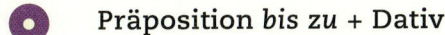

**Bis wohin?**

**Bis zum Kiosk. Bis zur Kreuzung.**

### Konjunktion *denn*

| Ich bin gegen die Internetschule, | Position 0 | Position 1 | Position 2 | |
|---|---|---|---|---|
| | denn | ich | lerne | nicht gern allein. |

**Ich bin dafür, denn man muss nicht in die Schule gehen!**

### Wortbildung: Nationalitäten

Er ist Grieche.
Russe.
Spanier.
Brasilianer.

Sie ist Griechin.
Russin.
Spanierin.
Brasilianerin.

Nikos und Georgios sind Griechen.
Juan und Carlos sind Spanier.

Athina und Eleni sind Griechinnen.
Juana und Carla sind Spanierinnen.

Er ist Deutscher.
Sie ist Deutsche.

Max und Tom sind Deutsche.
Mira und Marie sind Deutsche.

## Ich kann ...

*etwas vergleichen*: Jan ist kleiner als Isra, aber sie ist so schnell wie er. / Ein Sumoringer isst mehr als ein Jockey. / Das Schloss in Lila gefällt mir am besten.

*etwas abschwächen*: Eigentlich hast du recht. / Das stimmt eigentlich.

*Ablehnung ausdrücken*: Machst du Witze? / So ein Unsinn! / Das ist doch Quatsch!

*um Erlaubnis bitten und sagen, was erlaubt ist*:
◆ Darf ich mal auf die Toilette? ▼ Ja, du darfst auf die Toilette. / In meiner Traumschule dürfen wir ... / Hier darf man noch Schlösser aufhängen. Die Stadt erlaubt das.

*ein Verbot ausdrücken*:
Hier darf man nicht fotografieren. Das ist verboten. / Hier darf man kein Eis essen.

*nach dem Weg fragen und den Weg beschreiben*:
● Entschuldigung, wie komme ich zum Schwimmbad? ■ Du gehst hier immer geradeaus bis zur Kreuzung und dann nach rechts. / Du gehst die Straße bis zum Ende und dann nach links. An der Ecke ist ein Café.

*meine Meinung sagen*:
▲ Ich finde die Internetschule gut, ich bin dafür.
● Ich nicht, ich bin dagegen.

*etwas begründen*: Ich bin gegen die Internetschule, denn ich lerne nicht gern allein.

## Lektion 22

**1** Was passt zusammen? Finde fünf Nomen und zwei Verben zum Thema *Fußball* und schreib sie auf. Schreib die Nomen mit Artikel.

| wart | ✕ | pi | ✕ | beln | ✕ | schaft | ✕ | Ka | ✕ |
| Trai | ✕ | Tor | ✕ | Spie | ✕ | schie | ✕ | tän | ✕ |
| drib | ✕ | ner | ✕ | ler | ✕ | ßen | ✕ | Mann | |

**2a** Was habt ihr gemeinsam? Was nicht? Sprich mit deiner Partnerin / deinem Partner. Frag und antworte.

◆ Ich gehe um elf Uhr ins Bett. Und du?

– um ... Uhr ins Bett gehen
– ... Jahre und ... Monate alt sein
– ... Cousins und Cousinen haben
– ... mal pro Woche sein Zimmer aufräumen
– ( ? )

**b** Berichte in der Klasse.

■ Ich gehe genauso spät ins Bett wie Kevin.
▲ Kevin geht später ins Bett als ich.

## Lektion 23

**1** Malt Schilder. Die anderen raten: Was darf man hier in der Schule tun? Was darf man nicht tun?

Hier darf man nicht lachen.

**2a** Zeig auf ein Bild. Deine Partnerin / Dein Partner macht passende Sätze.

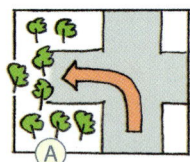 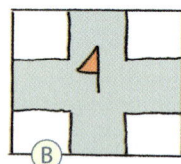  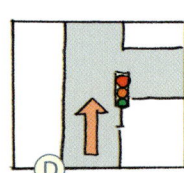 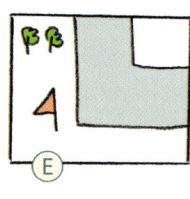

ich stehe ...

Geh ...

**b** Beschreib einen kurzen Weg von deiner Schule zu einem Ort. Deine Partnerin / Dein Partner rät: Welcher Ort / Welche Straße ist das?

▲ Du gehst immer geradeaus bis zur Ampel und dann nach links. Wo bist du dann?
■ In der Berliner Straße, an der Bus-Haltestelle ...
▲ Ja, richtig!

## Lektion 24

**1** Gib deiner Partnerin / deinem Partner verrückte Anweisungen mit *legen*, *stellen* und *hängen*.

▼ Stell den Teller bitte ins Bad.
● So ein Unsinn. Machst du Witze?

**2** Schreib drei Sätze mit *sollen*. Ein Satz ist falsch. Deine Partnerin / Dein Partner rät: Welcher Satz ist falsch?

1. Frau Klein hat gesagt, wir sollen ...
2. Mein Vater ...
3. ...

◆ Ich glaube, das hat Frau Klein nicht gesagt.
● < ☺ Du hast recht, ...
    ☹ Doch, ...

# Luisa

### Hey, Luisa!

Audio, Video, MP3-File,
das ist für dich nicht neu, das ist dein Style.
CD, USB, DVD,
hey, das ist Luisas ABC.

**Hey, Luisa,** von der Medien-AG,
du bist so toll und gehst in die 8b.
Der Song ist für dich, denn du bist unser Star,
wir finden dich einfach wunderbar!

E-Mail, www, SMS, Chat,
dich finden alle super nett!
Blog und Webseite, alles toll gemacht.
Mit Mikro und mit Kamera, am Tag und in der Nacht.

**Hey, Luisa, ...**

Deine Texte, Fotos, Filme sind nicht für dich allein,
denn alle wollen deine Chat-Freunde sein.
Mit der Webcam und dem Headset an deinem Laptop,
siehst du und hörst du unseren Hip-Hop.

**Hey, Luisa, ...**

Öffne ein Fenster,
Klick rechts auf die Maus
und unser Lied, das ist jetzt aus.

---

**1**    Hör das Lied. Welche „Medienwörter" kennst du?
Wie sagt man dazu in deiner Sprache?

19 🔊

**2**    Hör noch einmal und lies den Text mit. Was weißt du nun über Luisa?

19 🔊    Sie ist ... und sie hat ... gemacht. ...

**3**    Was macht Luisa in der Medien-AG? Was glaubst du? Antworte in deiner Sprache.

---

etwas verneinen und widersprechen ● ein Beispiel geben ● etwas begründen ● jemanden in einer E-Mail ansprechen und verabschieden ● einen Vorschlag machen ● einen Vorschlag ablehnen oder annehmen ● jemanden bitten oder auffordern ● Wichtigkeit ausdrücken ● jemanden begrüßen ● einen Ablauf beschreiben

**Lernziele**

**25** LEKTION

## Medien-AG Gutenberg-Schule · Köln

**Luisa**
dreht Filme
und macht
die Home-
page.

**Tim**
bearbeitet
Fotos und
Filme.

**Sofie**
macht
Interviews.

**Sergei**
ist der
Kamera-
mann.

**Claudia**
macht
Podcasts.

**Adrian**
schneidet
Filme.

**Herr Pohl,**
der Leiter,
organisiert
die AG.

Hallo, wir sind die Medien-AG *Bilder können sprechen* an der Gutenberg-Schule Köln!
Wir sind Schülerinnen und Schüler aus den Klassen 8 und 9 und machen super Projekte, z.B.
die Foto-Ausstellung „Unsere Schule – mal ganz anders" oder den Podcast „Lehrerwitze".

Unser neues Projekt heißt „Beste Freunde!" Wir wollen einen Film drehen. Im Film stellen
Schülerinnen und Schüler aus unserer Schule ihren besten Freund oder ihre beste Freundin vor.

Wir suchen noch Teilnehmerinnen und Teilnehmer! Möchtet ihr eure beste Freundin oder
euren besten Freund vorstellen? Dann macht doch mit!

Kontakt: Luisa Klein, Klasse 8b. luklein@gms.de

**1a** Schau die Fotos auf der Homepage der Medien-AG an. Welches Foto gefällt dir am besten?
Warum? Antworte in deiner Sprache.

**b** Lies die Informationen auf der Homepage. Was weißt du jetzt über die Medien-AG?
Schreib auf. Die Fragen helfen dir.

1. Die Medien-AG: Wer sind die Teilnehmer?
2. Wie heißt ihre Medien-AG?
3. Die Teilnehmer: Wer ist ihr Leiter?
4. Was sind ihre Aufgaben?
5. Wie heißen ihre Projekte?
6. Was ist ihr Projekt „Beste Freunde!"?

*In der Medien-AG sind drei*
*Mädchen und drei Jungen.*
*Sie gehen in die Klassen ...*
*Ihre Medien-AG heißt ...*
*Ihr Leiter ist ...*

Possessivartikel
sie (👪👪👪)

ihr  Leiter
ihr  Projekt
ihre Medien-AG
ihre Projekte

Wir haben nicht jeden Nachmittag Schule. Am Nachmittag kann man aber bei
einer „AG", das heißt Arbeits-Gemeinschaft, mitmachen. An meiner Schule haben wir
z.B. eine Medien-AG, ein Orchester, einen Chor, eine Theater-AG und viele Sport-AGs.
Gibt es so etwas an eurer Schule?

→ AB, Ü 1   GRAMMATIK, Ü 2   Ü 3–4   GRAMMATIK, Ü 5

**2** Muss man das in einer Medien-AG können? Was glaubt ihr? Sprecht zu zweit.

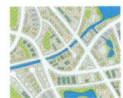 (A) einen Stadt-plan lesen

 (B) Fahrrad fahren

 (C) googeln

 (D) Fotos herunter-laden

 (E) einen Text drucken

 (F) einen Text kopieren

 (G) eine Datei speichern

 (H) Tischtennis spielen

◆ Einen Stadtplan lesen? Nein, ich glaube, das muss man nicht können.

▲ ⎡ Nein, das glaube ich auch nicht.
   ⎢ Doch, ich glaube, das muss man können.
   ⎣ Also, ich weiß nicht.

(→) AB, Ü 6 |

Fotos bearbeiten •
einen Blog schreiben •
surfen • chatten •
E-Mails schicken • …

Ich bearbeite meine Fotos am Computer. Das Programm heißt …

**3** Was machst du selbst am Computer oder mit anderen Medien (Smartphone, Kamera, …)?

**4a** Luisa sucht Teilnehmer für das Film-Projekt der Medien-AG. Hör zu. Welche Antwort ist richtig?

20

1. Hat jemand in der Gruppe Interesse?
   (a) Ja, Sandra und Thomas.
   (b) Nein, niemand.
   (c) Nur Sandra.

2. Hat jemand schon einmal bei einem Film mitgemacht?
   (a) Alle, nur Sandra nicht.
   (b) Ja, Thomas.
   (c) Nein, niemand.

3. Macht noch jemand mit?
   (a) Ja, noch ein Mädchen.
   (b) Nein, niemand.
   (c) Ja, alle.

**b** Lies die Sätze und hör noch einmal. Ist das richtig (r) oder falsch (f)?

20

1. Sandra möchte ihre Freundin Julia vorstellen. (r) (f)
2. Sandra findet Thomas' Freund Elias langweilig. (r) (f)
3. Die Schüler in der Medien-AG machen keine Webseiten. (r) (f)
4. Thomas findet die Homepage super. (r) (f)
5. Die Medien-AG will sich mit Sandra und Thomas in Raum 210 treffen. (r) (f)

(→) AB, Ü 7–8 |

**5a** Schreib mit deiner Partnerin / deinem Partner drei Fragen mit *jemand*.

1. Hat jemand heute früh schon Sport gemacht?
2. Kann mir jemand ein Blatt Papier geben?
3. Hat jemand einen Kaugummi für mich?

**b** Stellt die Fragen im Kurs.
Welches Paar hat die meisten Antworten mit *Ja* bekommen?

**6a** Schau nur die Bilder an. Was ist das Problem? Was glaubst du?

A Das gibt's doch nicht: Wo ist denn mein Stick mit den Filmen für die Medien-AG?

Ich brauche ihn unbedingt!

Keine Ahnung! Vielleicht …

B „ … da ( ? ) den Heften?"

Nein!

C Oder dort ( ? ) den Büchern?

Nein!

D „Hier ( ? ) dem Bett?"

Nein!

E Nein!

„Vielleicht ( ? ) der Tasche?"

Hallo! Hier, Luisa, dein Stick! Ich habe ihn kurz gebraucht.

Du hast ihn? Oh Mann, du kannst doch nicht einfach meinen Stick nehmen!

Also wirklich, Julian, du musst deine Schwester doch wenigstens fragen!

F

**b** Lies die Sprechblasen in 6a. Was sagt Sofies Mutter auf den Bildern B–E?
Ergänze die vier passenden Präpositionen.

vor × über × neben × hinter × unter × zwischen

**c** Hast du Geschwister? Kennst du Situationen wie in 6a?

■ Ich habe auch einen Bruder. Er nimmt zum Beispiel immer meine T-Shirts. Das nervt total!
▲ Ja, ich suche immer mein Handy: auf dem Schreibtisch, hinter dem Computer, vor der …

**7** Nimm einen Stift und leg ihn an eine Stelle. Deine Partnerin / Dein Partner sagt, wo der Stift ist.

> Der Stift liegt …

*Wechselpräpositionen*

Wo?  ⊙ + *Dativ*

in, an, auf, über, unter, hinter, vor, neben, zwischen

Der Stift liegt …
… auf dem Tisch.
… unter dem Buch.
… neben der Tasche.
… zwischen den Heften.

(→) AB, GRAMMATIK, Ü 9   Ü 10–11

**8** Chaos in der Medien-AG: Herr Pohl ist heute total durcheinander. Korrigiere seine Anweisungen. Die Angaben unten helfen dir.

> Leg die Kamera hinter die Tür!

> ◆ Leg die Kamera auf den Tisch.

*Wechselpräpositionen*

Wohin?  ●→☐ + *Akkusativ*

in, an, auf, über, unter, hinter, vor, neben, zwischen

Leg die Tasche …
… auf den Schrank!
… in das Regal!
… neben die Tür!
… zwischen die Stühle!

1. Leg die Kamera hinter die Tür!  → Tisch
2. Stell die Tasche unter das Sofa!  → Schrank  → ◆ ( ? )
3. Stell den Laptop vor die Tür!  → Tisch  → ◆ ( ? )
4. Leg den Kopfhörer auf den Schrank!  → Tasche  → ◆ ( ? )
5. Leg das Mikrofon neben den Tisch!  → Regal  → ◆ ( ? )
6. Häng die Lampe zwischen das Regal und den Schrank!  → Sofa  → ◆ ( ? )

(→) AB, GRAMMATIK, Ü 12   Ü 13–14

**9** Spiel mit deiner Partnerin / deinem Partner. (Arbeitsbuch: Ⓐ und Ⓑ = Seite 93)

**1a** Schau die Bilder an. Wer sind die Mädchen? Was machen sie?

**b** Hör zu. Was ist das Thema?

21 ⊙)

　　ⓐ Sofie und ihre Hobbys 　　　　ⓑ Sofie und ihre beste Freundin 　　　　ⓒ Sofies Schule

**c** Lies die Aufgaben und hör noch einmal. Was ist richtig, ⓐ oder ⓑ ?

21 ⊙)

1. Luisa ist Sofies beste Freundin,
　ⓐ weil sie direkt ist.
　ⓑ weil sie super aussieht.

2. Sofie kennt Luisa
　ⓐ noch nicht so lange.
　ⓑ schon sehr lange.

3. Sofie mag Luisa,
　ⓐ weil Luisa gut reden kann.
　ⓑ weil sie Luisa alles erzählen kann.

4. Sofie und Luisa
　ⓐ lieben Eis und Musik.
　ⓑ machen nicht viel zusammen.

5. Sofie ist manchmal sauer,
　ⓐ weil Luisa keinen Sport macht.
　ⓑ weil Luisa immer so viel macht.

6. Sofie findet Luisa toll,
　ⓐ weil sie in der Medien-AG ist.
　ⓑ weil sie ganz besonders ist.

**2** Und warum findet Luisa ihre Freundin Sofie toll? Schreib Sätze mit *weil*.

> Sie hat viele Ideen.

> Sie liebt Musik.

> Sie lacht viel.

> Sie kann gut singen.

*Luisa findet Sofie toll,*
*weil sie viele Ideen hat. ...*

| Nebensatz: Konjunktion weil | | | |
|---|---|---|---|
| | | Warum? | Ende |
| Luisa findet Sofie toll. | | Sie　hat　viele Ideen. | |
| Luisa findet Sofie toll, | weil | sie　viele Ideen → | hat. |

→ AB, Ü 1–2　GRAMMATIK, Ü 3–4　Ü 5–8 ▌

**3a** Wie ist deine beste Freundin / dein bester Freund?
Warum magst du sie/ihn? Schreib Sätze.

*Jakob ist immer lustig.*
*Er spielt super Gitarre. ...*

**b** Mach ein Interview mit deiner Partnerin / deinem Partner.

◆ Wie heißt dein bester Freund?
● Jakob.
◆ Warum magst du ihn?
● Ich mag ihn, weil er immer lustig ist und super Gitarre spielt.

**c** Stell die Freundin / den Freund von deiner Partnerin / deinem Partner vor.

(→) AB, Ü 9 ▮

Timos bester Freund heißt Jakob. Er …

**4a** Schau die Bilder an und lies den Text schnell. Ist das Thema für Sofie und Luisa interessant?

**MEDIEN AKADEMIE**

MITMACHEN BIS 1. MAI!!!

KONTAKT
Medienakademie
Susanna Mall
mall@medienakad.de

WER WIR SIND | AKTUELLES | SERVICE | PROGRAMME

**Wettbewerb „Schule und Medien"**
Ihr seid kreativ und macht tolle Medienprojekte an eurer Schule? Dann ist unser Wettbewerb „Schule und Medien" genau richtig für euch. Warum? Die Medienakademie sucht die Medienmacher von morgen!

**1**
Ihr seid Schülerinnen und Schüler aus Deutschland, Österreich oder der Schweiz im Alter von 10 bis 18 Jahren? Dann könnt ihr teilnehmen – allein oder in der Gruppe.

**2**
Wichtig: Ihr schickt uns bis zum 1. Mai euer Medienprojekt. Ihr könnt zum Beispiel eine Webseite machen oder einen Blog schreiben, ein Computerspiel programmieren, einen Videofilm machen oder einen Comic zeichnen.

**3**
1.–3. Preis: eine Reise nach Salzburg zum Finale!

**4**
Euer Medienprojekt könnt ihr uns **hier** direkt online schicken oder ihr schickt es per E-Mail. Mehr Informationen findet ihr unter **www.medienakad.com/wettbewerb**

Viel Spaß!

**b** Lies die Fragen. Lies dann den Text in **4a** noch einmal. Welche Fragen passen zu den Informationen 1–4?

(A) **Was könnt ihr gewinnen?**

(C) **Wohin schickt ihr eure Projekte?**

(B) **Was müsst ihr machen?**

(D) **Wer kann mitmachen?**

(→) AB, Ü 10 ▮

**5a** Lies die E-Mail. Wer schreibt? An wen? Warum?

Von: medien-ag@gutenberg-koeln.de
An: mall@medienakad.de
Betreff: Wettbewerb „Schule und Medien"

---

Liebe Frau Mall,
ich heiße Luisa Klein und schreibe im Namen der Medien-AG der Gutenberg-Schule in Köln
(siehe Foto). Wir sind Schülerinnen und Schüler im Alter von 14 bis 16 Jahren und gehen in
die 8. und 9. Klasse.

5 Wir, die Medien-AG, möchten gern mit einem Videofilm bei dem Wettbewerb „Schule und Medien"
mitmachen: Vor der Kamera stellen 20 Schülerinnen und Schüler ihre beste Freundin oder ihren
besten Freund vor. Wir haben drinnen (in der Schule oder im Café) und draußen gefilmt (auf
dem Schulhof, auf der Straße oder im Park). Die Musik zum Film ist von der Schülerband „Die
Gutenbergs".

10 Unser Film hat den Titel „Beste Freunde!", weil Freunde für Jugendliche sehr wichtig sind.
Sie sind wichtiger als Noten, Handys, Kleidung oder Taschengeld.
Hier ist der Link zu unserem Film: www.gutenberg-koeln.de/medien-ag/beste_freunde.
Hoffentlich finden Sie den Film gut! Wir freuen uns auf Ihre Antwort!

Viele Grüße
15 Luisa Klein und die Medien-AG der Gutenberg-Schule Köln

**b** Lies den Text in 5a noch einmal und ergänze die Informationen.

Gutenberg-Schule —— *Medien-AG*      *Projekt* —— Videofilm

→ AB, Ü 11

**6a** Eure Medien-AG möchte auch mit einem Videofilm am Wettbewerb teilnehmen.
Wähl ein Thema und schreib eine E-Mail. Vergiss nicht die Begrüßung und den Schluss.

Unsere Klasse ✷ Unsere Klassenfahrt ✷ Unsere Hobbys ✷ ...

*Liebe ...,*
*ich .... Wir sind ... und gehen in die ...*
*Unser Film ...*
*Viele ...*

in die + *Ordinalzahl* + Klasse
................................................
in die zwei**te** Klasse
in die neun**te** Klasse
(!) erste / dritte / siebte / achte

**b** Lies die E-Mail in der Klasse vor.

→ AB, GRAMMATIK, Ü 12    Ü 13    SCHREIBTRAINING, Ü 14–15

Du schreibst *in die 2. Klasse,*
du sagst *in die zweite* Klasse.

**7a** **Schau die Bilder an und lies Jans Antworten. Was sagt Tom?**

1. Willst du auch mal fahren?
2. Oh, schau mal, ein Vampir-Film! Gehen wir ins Kino?
3. Sollen wir in den Park gehen?
4. Na gut, dann gehe ich ohne dich. Vielleicht hat Mark Lust auf Kino.
5. Los, wir spielen ein bisschen Fußball!

Nein, ich bin zu müde.
A
Ach, das ist doch langweilig.
B
Nein, das ist zu weit.
C
KINO
Zu spät! Ich muss jetzt bald nach Hause.
D
Was? Aber warum denn? Jetzt warte doch mal. Wir sind doch Freunde!
E
E

**b** **Spielt einen Dialog wie in 7a.**

A
B
C
D
E

teuer • müde • früh • schwer • langweilig • kalt • heiß • …

- Gehen wir schwimmen?
- Sollen wir …?
- Los, wir …!

◆ Nein, es ist zu kalt.
◆ Nein, das ist …
◆ Nein, …

Mit *sollen* kannst du einen Vorschlag machen.

 AB, Ü 16–17

**27** LEKTION

**1** Schau das Foto an. Warum freut sich Luisa so? Was glaubst du?

**2** Hör zu. Ist das richtig (r) oder falsch (f)?

22 )))
1. Luisa sagt, dass sie einen Koffer gekauft hat.
2. Luisa erzählt, dass die Medien-AG im Finale ist.
3. Luisa hofft, dass die Medien-AG in Salzburg gewinnt.
4. Luisa möchte, dass Tim sie anruft.

r  f
r  f
r  f
r  f

**3a** Luisa möchte feiern und sammelt Ideen. Macht zu zweit noch drei Vorschläge.

> Wir bestellen Pizza.

> Wir gehen zusammen ins Eiscafé.

> Wir bringen Getränke zur Medien-AG mit.

**b** Hör zu. Spielt dann andere Dialoge mit den Vorschlägen aus **3a.**

23 )))

*Luisa:* Sofie, die Medien-AG hat im Wettbewerb gewonnen. Meinst du nicht, dass wir das feiern müssen?
*Sofie:* Doch, natürlich. Und was machen wir?
*Luisa:* Ich schlage vor, dass wir Pizza bestellen.

→ AB, GRAMMATIK, Ü 1   Ü 2–5 ▌

*Nebensatz: Konjunktion dass*

| | | | | *Ende* |
|---|---|---|---|---|
| Ich schlage vor: | Wir | bestellen | Pizza. | |
| Ich schlage vor, | dass | wir | Pizza | bestellen . |

**4** Was gewinnen die Besten in Salzburg? Was glaubst du?

> Ich glaube, dass die Besten … gewinnen.

Geld • eine Videokamera • eine Reise nach Afrika • einen Fotokurs • …

**5a** Lies die Anzeige. Was ist das JUHA?

(a) eine Schule          (b) ein Hotel für Jugendliche          (c) ein Restaurant

---

### JUHA – Jugendhaus Salzburg – perfekt für Schulausflüge und Klassenfahrten

Unsere moderne Jugendherberge ist ruhig und sauber und bietet: Zimmer mit Dusche und WC – Seminarräume – Spielplätze und Aufenthaltsräume – Restaurant – gesundes Essen – Nähe zum Zentrum von Salzburg, zum Zoo und zum Salzburg Museum – Fahrräder für Radtouren kostenlos  – Bus-Haltestelle vor dem Haus

*Wir informieren Sie gern über unsere Schulprogramme und Projektwochen.*

E-Mail: schulprogramme@juha.eu
Tel.: +43 (0)5/7083-2003
Adresse:
JUHA Salzburg
Almgasse 13
A-5020 Salzburg

*Wir haben das ganze Jahr offen!*

---

**b** Lies die Wünsche der Jugendlichen und die Anzeige noch einmal. Ist das JUHA passend für sie?

|  | ja | nein |
|---|---|---|
| 1. Sofie liebt Jugendherbergen mit Swimmingpool. | ? | ? |
| 2. Tim hofft, dass es in der Jugendherberge Fahrräder kostenlos gibt. | ? | ? |
| 3. Luisa möchte einen Kühlschrank im Zimmer. | ? | ? |
| 4. Für Claudia ist wichtig, dass eine Jugendherberge ruhig und sauber ist. | ? | ? |
| 5. Sergei möchte gern in den Zoo und ins Museum gehen. Alles soll in der Nähe sein. | ? | ? |

**6** Hast du schon mal in einer Jugendherberge oder in einem Hotel geschlafen? Wann und wo? Erzähl.

**7a** Lies den Fragebogen. Nummeriere zu jeder Frage die Antworten nach Wichtigkeit von 1 bis 4.

> 1 = sehr wichtig
> 4 = nicht wichtig

**FRAGEN RUND UM DAS HOTEL**

1. Wie muss das Hotel sein?
   - [?] billig
   - [?] ruhig
   - [?] sauber
   - [?] modern

2. Was muss es im Zimmer geben?
   - [?] Radio und Fernseher
   - [?] eine Spielekonsole
   - [?] einen Safe für Handy und Geld
   - [?] Obst

3. Was muss das Hotel haben?
   - [?] ein Frühstücksbuffet
   - [?] einen Spielplatz
   - [?] einen Tennisplatz und einen Volleyballplatz
   - [?] einen Swimmingpool

4. Was ist noch wichtig?
   - [?] das Zentrum: in der Nähe
   - [?] Fahrräder: kostenlos
   - [?] das Restaurant: immer offen
   - [?] die Leute im Hotel: nett

**b** Was ist für dich am wichtigsten in einem Hotel? Was ist nicht so wichtig? Berichte.

▲ ⟨ Für mich ist am wichtigsten,
Nicht so wichtig ist für mich,

| dass ... ist.
| dass es ... gibt.
| dass ... hat.
| dass ... ist/sind.

→ AB, Ü 6–11

**8a** Hör zu. Was passt zusammen? Mach dann Sätze.

24 ))) 

1. Josef Wallberger    a im Jugendhotel schlafen
2. Martina Maier    b das Jugendhotel leiten
3. die Jugendlichen    c das Programm in Salzburg kennen

**b** Hör noch einmal. Was sollen die Jugendlichen machen?

24 )))

1. Bringt bitte eure Koffer in die Zimmer.
2. Bezahlt bitte Kakao, Tee und Kuchen im Restaurant.
3. Schließt bitte immer die Türen ab.
4. Hört bitte keine Musik.
5. Seid bitte freundlich.
6. Duscht jetzt bitte.
7. Seid bitte pünktlich in Raum 307.

**c** Hör noch einmal. Wann gibt es Essen?

24 )))

1. morgens: zwischen ( ? ) und ( ? ) Uhr
2. nachmittags: um ( ? ) Uhr
3. abends: zwischen ( ? ) und ( ? ) Uhr

**9a** Schreibt in Gruppen sechs Regeln für das Jugendhaus.

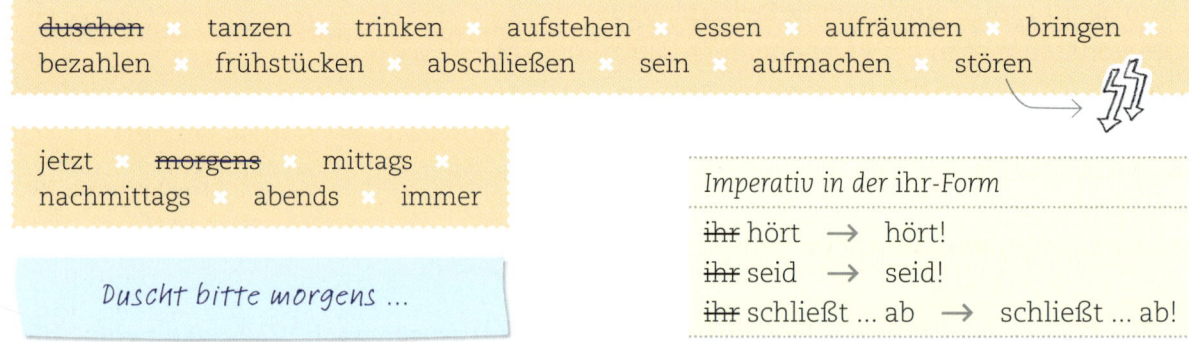

~~duschen~~ ✕ tanzen ✕ trinken ✕ aufstehen ✕ essen ✕ aufräumen ✕ bringen ✕
bezahlen ✕ frühstücken ✕ abschließen ✕ sein ✕ aufmachen ✕ stören

jetzt ✕ ~~morgens~~ ✕ mittags ✕
nachmittags ✕ abends ✕ immer

Duscht bitte morgens …

*Imperativ in der ihr-Form*

~~ihr~~ hört → hört!
~~ihr~~ seid → seid!
~~ihr~~ schließt … ab → schließt … ab!

**b** Spielt ein Rollenspiel.

Du leitest das Jugendhaus und nennst die Regeln.

Guten Tag.
Herzlich willkommen in …
Mein Name ist …
Ich leite …
Duscht bitte …

Du bist immer einverstanden.

Ja, einverstanden.
Ja, gut /okay.
Klar.
Sicher.
Natürlich.

Du findest alle Regeln doof.

So ein Unsinn!
Ich möchte lieber …
Nein, auf keinen Fall.
Ich möchte lieber …
Ich finde, dass …

→ AB, GRAMMATIK, Ü 12    Ü 13–14

**10** Lies Luisas Blog und beantworte die Fragen 1–6.

www.blog.de

**Luisa auf Reisen**

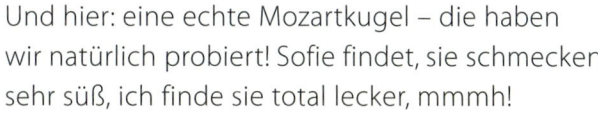

Heute schreibe ich nicht über Köln, ich schreibe über Salzburg!
Vielleicht wisst ihr es schon: Die Medien-AG der Gutenberg-Schule
hat an einem Wettbewerb teilgenommen und ist bei den besten
Drei!! Wir haben eine Reise nach Salzburg gewonnen. Hier sollen
5 wir unseren Film präsentieren.

Wir sind gestern in Salzburg angekommen und hatten heute
Zeit für eine Tour zu Fuß. Auf dem Kapitelplatz haben wir den
Mann auf der Kugel gesehen. Von dort sieht man die Burg. Es ist
fantastisch! Auf dem Platz kann man auch Schach spielen. Und ein
10 paar Studenten haben auf dem Platz Musik gemacht und etwas
Geld gesammelt. Die Atmosphäre war echt toll!

Und hier: eine echte Mozartkugel – die haben
wir natürlich probiert! Sofie findet, sie schmecken
sehr süß, ich finde sie total lecker, mmmh!

15 Am Nachmittag hat es leider ein bisschen geregnet.
Aber Tim wollte unbedingt zum Flughafen fahren. Im „Hangar 7"
kann man nämlich Flugzeuge und Rennwagen sehen. Mit dem
Bus sind wir dann wieder ins Jugendhaus gefahren.

Und hier seht ihr uns drei vor dem „Moz" – also vor dem
20 Mozarteum, der Universität für Musik und Kunst. Hier gibt es
morgen unseren Film „Beste Freunde!" und die zwei anderen
Gewinner-Filme. Wer macht den ersten Platz?
Drückt uns die Daumen und wünscht uns Glück, bitte!

1. Wann sind Luisa und ihre Freunde in Salzburg angekommen?
2. Was haben die Jugendlichen auf dem Kapitelplatz gesehen?
3. Was kann man auf dem Kapitelplatz machen?
4. Wie findet Luisa Mozartkugeln?
5. Warum sind sie zum Flughafen gefahren?
6. Wo und wann präsentieren sie ihren Film?

**11** Berichte über Luisas Tour durch Salzburg.
**Wo waren die Jugendlichen und was haben sie gemacht?**

Zuerst waren sie … Dann …

 AB, Ü 15   SCHREIBTRAINING, Ü 16

## Wolfgang Amadeus Mozart – damals und heute

**1a** Mozarts Leben. Lies die Texte 1–5 und ordne sie den Bildern A–E zu.

A

B

C

D

E

1 Wolfgangs Schwester Maria Anna („Nannerl") spielt auch sehr gut Klavier. Der Vater, Leopold Mozart, ist Musiker und gibt beiden Kindern Unterricht in Geige und Klavier, aber auch in Latein, Italienisch und Französisch.

3 Wolfgang Amadeus Mozart ist 1756 in Salzburg geboren. Wolfgang („Wolferl") war ein Wunderkind. Schon mit fünf Jahren schreibt er sein erstes Klavierstück. Da kann er noch nicht einmal seinen Namen schreiben.

2 Sein Geburtshaus in der Getreidegasse in Salzburg kann man heute noch besuchen. Bis heute lieben die Menschen Mozart. Man hört und spielt seine Musik auf der ganzen Welt.

4 Wolfgang macht mit seinem Vater und seiner Schwester viele Reisen und gibt Konzerte in Paris, Wien, Prag und London. Mozart ist sehr viel gereist, aber das Reisen war damals sehr anstrengend.

**b** Was erfährst du in 1a über Mozart? Mach Notizen.

– geboren 1756 in Salzburg
– ?

5 1791 spielt man seine letzte Oper, „Die Zauberflöte". Er stirbt mit nur 35 Jahren. Da hat er schon über 600 Werke geschrieben, zum Beispiel „Eine kleine Nachtmusik". Trotzdem war er sehr arm, er hatt oft kein Geld.

Deutsch
Musik

**2** Lies die Texte im Gästebuch von Mozarts Geburtshaus und die Sätze 1–4. Wer hat das geschrieben?

Ich finde das Museum interessant. So hat die Familie Mozart damals gelebt, das kann man hier sehen. Ich war auch schon einmal in der Oper und habe die „Zauberflöte" gehört. Das war toll.
Jessica

Wir haben in der Schule schon ein Mozart-Quiz gemacht. Hier im Museum haben wir auch einige Musikstücke gehört. Am besten gefällt uns „Eine kleine Nachtmusik".
Luca und Leonie

Wir haben Mozarts erstes Klavier und seine Kindergeige gesehen. Meine Schwester spielt auch Geige, aber nicht so gut wie Mozart. ;-)
Ich finde es cool, dass Mozart auch lustig war. Er hat zum Beispiel ein Schlaflied für Kinder geschrieben, das heißt „Bona nox"*.
Max

Mein Bruder spielt im Mozart-Kinderorchester Cello. Deshalb war ich heute mit ihm und meinen Eltern hier in Mozarts Geburtshaus. Na ja, eigentlich gefällt mir moderne Musik besser.
Mateo

\* Bona nox = Lateinisch: Gute Nacht

1. ? kennen Mozart schon von der Schule.
2. ? mag Mozart, weil er lustig war.
3. ? gefällt Mozart nicht so gut.
4. ? war schon in der Oper.

**3** Spielst du auch ein Instrument? Welches? Singst du gerne? Berichte.

## Wir machen eine Bildergeschichte!

**1** **Lies die Fragen und denkt euch in Gruppen eine Geschichte aus.**

1. Wer spielt mit?
2. Was passiert?
3. Wo sind die Personen?
4. Wie soll die Geschichte heißen?

Mia und Lenny.

**2** **Wer macht was? Verteilt die Aufgaben, macht Bilder (Fotos oder Zeichnungen) und schreibt die Texte. Macht dann ein Plakat mit der Bildergeschichte.**

So eine Kamera hat sich Mia schon lange gewünscht.

*Herzlichen Glückwunsch zum Geburtstag!*

*Boah, ist die toll! Danke!*

Mia und ihr Freund Lenny machen Fotos in der Stadt. Zum Beispiel das hier...

*Ey, guck mal da! Das gibt's doch gar nicht!*

*Sieht super aus! Aber hat er auch einen Führerschein?*

... oder das.

*Boah, so etwas hab ich ja noch nie gesehen!*

*Also das glaub' ich jetzt nicht! Sag mal, gibt's das?*

Alle Bilder sind weg! So ein Pech!

*Neeeein! Die Karte!*

*Oh, die Fotos! So ein Mist!*

**3** **Stellt eure Bildergeschichte in der Klasse vor. Welche Geschichte findet ihr am lustigsten?**

## Grammatik

### ● Imperativ

| Infinitiv | ihr-Form |
|---|---|
| bringen | bringt! |
| sein | seid! |
| abschließen | schließt ab! |
| erzählen | erzählt! |

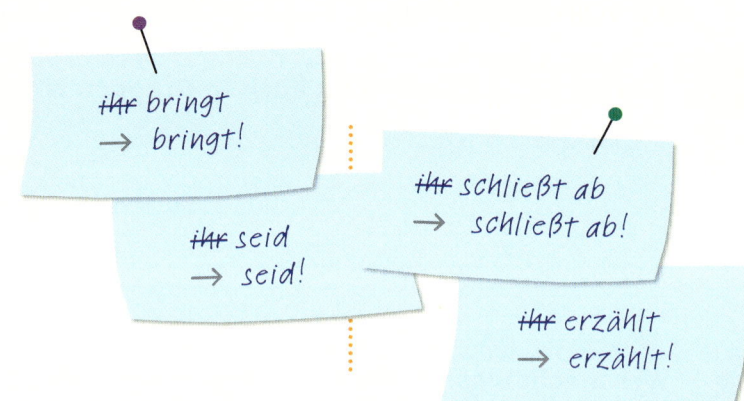

*ihr* bringt → bringt!

*ihr* schließt ab → schließt ab!

*ihr* seid → seid!

*ihr* erzählt → erzählt!

### ● Possessivartikel im Nominativ

| ich | du | er | es | sie | wir | ihr | sie | Sie | |
|---|---|---|---|---|---|---|---|---|---|
| mein | dein | sein | sein | ihr | unser | euer | ihr | Ihr | Film |
| mein | dein | sein | sein | ihr | unser | euer | ihr | Ihr | Projekt |
| meine | deine | seine | seine | ihre | unsere | eure | ihre | Ihre | Medien-AG |
| meine | deine | seine | seine | ihre | unsere | eure | ihre | Ihre | Projekte |

### ● Wechselpräpositionen

| | | ●→□ Wohin? *(Akkusativ)* | ◉ Wo? *(Dativ)* |
|---|---|---|---|
| | in | Stell die Tasche in den Schrank. | Die Tasche steht im Schrank. |
| | an | Häng den Spiegel an die Wand. | Der Spiegel hängt an der Wand. |
| | auf | Stell die Gläser auf den Tisch. | Die Gläser stehen auf dem Tisch. |
| | über | Häng das Foto über den Kühlschrank. | Das Foto hängt über dem Kühlschrank. |
| | unter | Stell die Schuhe unter das Bett. | Die Schuhe stehen unter dem Bett. |
| | hinter | Stell die Gläser hinter die Tassen. | Die Gläser stehen hinter den Tassen. |
| | vor | Leg den Teppich vor die Tür. | Der Teppich liegt vor der Tür. |
| | neben | Leg das Handy neben das Buch. | Das Handy liegt neben dem Buch. |
| | zwischen | Stell die Tasche zwischen die Stühle. | Die Tasche steht zwischen den Stühlen. |

Nach mir kann der Fall wechseln.

über an vor auf unter in neben hinter zwischen

Akkusativ Wohin?

Dativ Wo?

### ● in die + *Ordinalzahl* + Klasse

1.–13. → in die …te Klasse: in die zweite Klasse

In welche Klasse gehst du?

In die neunte Klasse. Und du?

in die erste Klasse
in die dritte Klasse
in die siebte Klasse
in die achte Klasse

## Konjunktion *weil*

|  | *Warum?* |  |  |  |
|---|---|---|---|---|
| Ich mag Tom. | Er | ist | so nett. |  |
| Ich mag Tom, | weil | er | so nett | ist. |

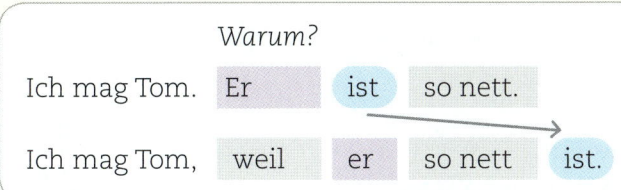

Warum freust du dich so?

Weil die Ferien anfangen.

Hey, Tim! Luisa hat erzählt, dass wir gewonnen haben!

## Konjunktion *dass*

| Luisa sagt: | Die Medien-AG | ist |  | im Finale. |  |
|---|---|---|---|---|---|
| Luisa sagt, | dass |  | die Medien-AG | im Finale | ist. |

## Syntax: Nebensatz mit *weil*, *dass*

|  |  |  |  | *Ende* |
|---|---|---|---|---|
| Ich mag Tom, | weil | er | so nett | ist. |
| Ich mag Tom, | weil | er | so gut | tanzen kann. |
| Anna freut sich, | weil | morgen | die Ferien | anfangen. |
| Luisa hofft, | dass | Tim | sie | anruft. |
| Luisa hat erzählt, | dass | wir |  | gewonnen haben. |

Tom sieht toll aus.
Ich mag ihn, weil er toll aussieht.

# Ich kann ...

*etwas verneinen und widersprechen:*
Nein, das glaube ich nicht. / Also, ich weiß nicht. / Doch, ich glaube, das muss man können.

*ein Beispiel geben:* Ich habe auch einen Bruder. Er nimmt zum Beispiel immer meine Comic-Hefte.

*etwas begründen:* ■ Warum magst du Laura?
● Ich mag Laura, weil sie immer lustig ist und super Klavier spielt.

*jemanden in einer E-Mail ansprechen und verabschieden:* Liebe Frau Schuster / Lieber Herr Färber / Viele Grüße

*einen Vorschlag machen:*
Sollen wir in den Park gehen? / Ich schlage vor, dass wir ein Eis essen. / Meinst du nicht, dass wir die Aufgabe machen müssen?

*jemanden bitten oder auffordern:*
Lest bitte das Programm. / Esst keinen Kuchen im Zimmer. / Seid pünktlich und gebt mir den Schlüssel.

*einen Vorschlag ablehnen oder annehmen:*
Nein, auf keinen Fall. Ich möchte lieber ins Kino gehen.
Klar. / Sicher. / Natürlich.

*Wichtigkeit ausdrücken:*
Für mich ist am wichtigsten, dass es einen Fußballplatz gibt. / Nicht so wichtig ist für mich, dass es Frühstück gibt.

*jemanden begrüßen:*
Herzlich willkommen in Salzburg!

*einen Ablauf beschreiben:*
Zuerst waren wir auf dem Kapitelplatz. Dann sind wir zum Flughafen gefahren.

# Wiederholung

## Lektion 25

**1** Ergänze den Wortigel.

googeln — Medien — eine Datei herunterladen

**2a** Eine Schülerin / Ein Schüler geht kurz vor die Tür.
Die anderen verstecken vier Dinge von ihr/ihm in der Klasse.

◆ Neles Deutschbuch legen wir unter den Stuhl.
▼ Ja genau, und ihre Tasche stellten wir neben die Tafel. …

**b** Dann kommt die Schülerin / der Schüler zurück. Spielt „kalt ☹ – warm 😐 – heiß ☺".

● Na Nele, wo ist dein Deutschbuch?
■ Liegt es vielleicht in der Tasche?
● Kalt. ☹
■ …

## Lektion 26

**1a** Schreib für jede Frage eine lustige Antwort mit *weil* auf.

1. Warum kommst du so spät?
2. Warum bist du heute nicht in der Schule?
3. Warum liegt dein Handy im Kühlschrank?
4. Warum singst du so laut?

**b** Fragt und antwortet zu viert.

▲ Warum kommst du so spät?   ● Weil ich meine Hose nicht gefunden habe.

**2** Es ist Sonntag. Was möchtest du machen? Mach verrückte Vorschläge und spielt kleine Dialoge. Deine Partnerin / Dein Partner findet immer eine Ausrede.

◆ Sollen wir …? / Gehen wir …? / Los, wir …   ■ Nein, das ist zu …

## Lektion 27

**1a** Was ist deine Meinung zum Thema „Schule"?
Schreib drei Sätze auf einen Zettel.

> Noten sind nicht wichtig.
> Lehrer sollen nett sein.
> …                         – Lina –

**2** Macht Pantomime in Gruppen:
Was sollen die anderen machen?

◆ Spielt Gitarre.
▲ Esst eine Banane.
■ …

**b** Sammelt die Zettel ein und lest die Sätze vor.
Wer hat auch diese Meinung? Hände hoch!

● Lina | findet, dass Noten …
schreibt, dass …
findet wichtig, dass Lehrer …
findet nicht so wichtig, dass …

# Wortliste

- Die alphabetische Wortliste enthält die neuen Wörter von Kursbuch A2.1 und Arbeitsbuch A2.1 mit Nennung der Lektion und der Aufgabennummer.
  *Beispiel:* abschließen **27** 8b* → Das Wort *abschließen* kommt erstmals in **Lektion 27**, Aufgabe 8b vor.

- Mit einem * sind Aufgabe und Lektion markiert, in der das Wort als Lernwortschatz vorkommt.
  Der jeweilige Lernwortschatz ist auch im Arbeitsbuch am Ende jeder Lektion zu finden.

- Angegeben ist jeweils das erste Vorkommen im Buch. Sind zwei Lektionsangaben vorhanden, bezieht sich die erste Angabe auf das erste Vorkommen im Buch, an der zweiten Stelle wird das Wort in den Lernwortschatz aufgenommen.
  *Beispiel:* abends **19** 9c **27** 9a*

- Kursiv gedruckt sind Wörter, die weder zum Lernwortschatz von *Beste Freunde A2.1* gehören, noch für die Prüfungen der Niveaustufen A1, A2 und B1 vorausgesetzt werden.

- Nomen mit der Angabe (Sg.) verwendet man in der Regel nur im Singular.
  Nomen mit der Angabe (Pl.) verwendet man in der Regel nur im Plural.

- Folgende Abkürzungen werden verwendet: **AB** = Arbeitsbuch, **LK** = Landeskunde, **AeB** = Auf einen Blick

## A

abends **19** 9c **27** 9a*
abgeben **AB 22** 4
abschließen **27** 8b*
*absolut* **Einstieg 8**
*ach ja* **19** 2b
*Action (Sg.), die* **AB 25** 11
*Action-Film, -e, der* **22** 7a
Afrika (Sg.), das **27** 4*
*Afrikanerin, -nen, die* **AB 22** 6a
AG, -s, die **25** 1*
*Akademie, -n, die* **26** 5a
aktiv **Einstieg 8**
aktuell **26** 4b
alles **26** 1c*
als **21** 7 **22** 7b*
also **23** 5b*
Alter (Sg.), das **26** 4a*
Altersheim, -e, das **LK 8** 2
am besten **23** 7a*
am liebsten **AB 23** 13b*
am meisten **23** 6*
Amerikaner, -, der **22** 3*

Amerikanerin, -nen, die **22** 3*
Ampel, -n, die **23** 4*
an (lokal) **LK 3** 1a **25** 6*
anders **19** 2b*
anmachen **19** 9c*
Antwort, -en, die **26** 5*
anziehen **19** 9c*
ärgern (sich) **20** 1b*
Argument, -e, das **24** 2c*
arm **LK 9** 1
*Atmosphäre, -n, die* **27** 10
*Audio, -s, das* **Einstieg 9**
auf (lokal) **25** 6a*
auf jeden/keinen Fall **23** 1a*
*Aufenthaltsraum, ⸚e, der* **27** 5a
Aufgabe, -n, die **24** 1*
aufhaben **24** 2c*
*aufhängen* **23** 1b
aufpassen **23** 5b*
Aufsatz, ⸚e, der **24** 1*
*aufsetzen* **19** 9b
Ausflug, ⸚e, der **22** 2c*
Ausgang, ⸚e, der **21** 2a*

Ausland (Sg.), das **24** 8a*
ausmachen **19** 9b*
auspacken **19** 2a*
ausprobieren **19** 9b*
außerdem **21** 9*
Ausstellung, -en, die **25** 1*
*aussuchen* **24** 8a
*Australier, -, der* **AB 22** 6a
Autoskooter, -, der **21** 6b*

## B

backen **21** 5b*
Balkon, -e, der **19** 7*
Ball, ⸚e, der **22** 7b*
Ballett (Sg.), das **22** 9*
*Baujahr, -e, das* **AB 23** 15
Baum, ⸚e, der **20** 7a*
bearbeiten **25** 1*
behalten **21** 7
beide **20** 1c*
besonders **26** 1c*
besser **22** 7b*

# Wortliste

bestellen **27** 3a*
bestimmt **20** 7a
Bett, -en, das **19** 5a*
Bier, -e, das **21** 7*
bieten **27** 5a
bisschen **20** 1b*
bis zu (lokal) **23** 4*
Blatt, ¨er, das **25** 5a*
Blog, -s, der **Einstieg 9** **25** 3*
Blume, -n, die **20** 7a*
Brasilianer, -, der **22** 3*
Brasilianerin, -nen, die **22** 3*
Braten, -, der **LK 7** 2
Bratwurst, ¨e, die **21** 3a*
Breze, -n, die **21** 7*
Brief, -e, der **20** 1a*
Brille, -n, die **20** 7a*
Brücke, -n, die **Einstieg 7**
   **23** 1b*
*Bulgarin, -nen, die* **AB 22** 6a
Burg, -en, die **27** 10*

### C

*Camping-Platz, ¨e, der* **AB 25** 5
*Cello, -s, das* **LK 9** 2
Chance, -n, die **22** 7b
Chaos (Sg.), das **19** 7*
*Chaot, -en, der* **19** 9b
*Chat-Freund, -e, der* **Einstieg 9**
chatten **25** 3*
Chemie (Sg.), die **24** 1*
*Chinese, -n, der* **AeB 22** 6a
*Chor, ¨e, der* **25** 1b
Clown, -s, der **20** 7a
cm (= Zentimeter) **22** 10
*Computerkurs, -e, der* **19** 3a
*Computerprogramm, -e, das* **21** 4

### D

dafür (sein) **24** 2c*
dagegen (sein) **24** 2c*
damals **LK 9** 1
dann **21** 9*

dass **27** 2*
Datei, -en, die **25** 2*
Datum (Sg.), das **23** 1a*
*Daumen, -, der* **27** 10
*Delfin, -e, der* **AB 22** 17a
denn **24** 8a*
denn (Modalpartikel) **19** 2*
Deutsche, -n, die/der **22** 3*
*Diamant, -en, der* **AB 22** 16
Diktat, -e, das **24** 1*
*Dinosaurier, -, der* **AB 22** 17a
direkt **26** 1c*
*Dirndl, -, das* **21** 7
*Diva, Diven, die* **20** 7a
Dollar, -s, der **AB 22** 18
*Dom, -e, der* **Einstieg 7**
draußen **26** 5a*
drehen (einen Film) **25** 1*
dribbeln **22** 1*
drinnen **26** 5a*
drucken **25** 2*
dürfen **22** 4a*

### E

eben **21** 5
Ecke, -n, die **23** 4*
egoistisch **20** 7a*
eigentlich **19** 2b*
ein paar **22** 2b*
Eingang, ¨e, der **21** 2a*
einige **20** 7a
einpacken **LK 7** 2
*Eins, -er, die* **21** 5
Eiscafé, -s, das **27** 3a*
elegant **20** 7a*
*Endspiel, -e, das* **22** 7b
Engländer, -, der **22** 3*
Engländerin, -nen, die **22** 3*
Erfahrung, -en, die **LK 8** 2
erklären **24** 1*
erlauben **23** 1b*
euch **21** 8*
euer/eure **19** 2a*
*Eule, -n, die* **AB 22** 17a

### F

*Fahrradtraining, -s, das* **20** 6a
*Fahrradtrial, -s, der* **20** 1c
*Familientag, -e, der* **21** 7
Fasching (Sg.), der **LK 7** 1
Fasnacht (Sg.), die **LK 7** 1
fast **20** 1b
faul **20** 7a*
*FC (Fußballclub) (Sg.), der* **22** 7b
fehlen (+ Dativ) **19** 1*
feiern **21** 3c*
Feiertag, -e, der **AeB 7**
Fernsehen (Sg.), das **19** 9c*
Fernseher, -, der **27** 7a*
fertig **19** 2b*
Festival, -s, das **20** 6b*
Film, -e, der **6** 1 **25** 1a*
*filmen* **26** 5a
Filmstar, -s, der **21** 4
Finale, -, das **26** 4a*
*Fischmarkt, ¨e, der* **23** 5b
*Fleischpflanzerl, -, das* **19** 4b
fleißig **20** 7a*
*Flöte, -n, die* **LK 7** 2
*Flughafen, ¨, der* **27** 10*
Formel, -n, die **24** 1*
*Foto-Ausstellung, -en, die* **25** 1
*Fotokurs, -e, der* **27** 4
Fotomodell, -e, das **22** 11*
*Fotoporträt, -s, das* **Einstieg 7**
freuen (sich) **20** 1c*
*Frikadelle, -n, die* **19** 4b
Frisur, -en, die **20** 7a
früh **25** 5a **26** 7a*
*Frühstücksbuffet, -s, das* **27** 7a
fühlen (sich) **20** 1b*
*Fünfer Looping, -s, der* **21** 7
funktionieren **19** 9b
Fußballplatz, ¨e, der **22** 2a*
Fußgängerzone, -n, die **20** 6b*

# Wortliste

## G

Gabel, -n, die   **24** 4a*
*Gasse, -n, die*   **23** 5b
*Geburtshaus, ˝er, das*   **LK 9** 1
gegen   **22** 7b
*Geige, -n, die*   **LK 9** 1
genauso   **AB 22** 17b*
Gepard, -e, der   **22** 11*
Getränk, -e, das   **27** 3a*
Gewicht, -e, das   **AB 22** 19
*Giraffe, -n, die*   **AB 22** 17a
*Glöckchen, - , das*   **LK 7** 2
glücklich   **20** 7a*
googeln   **25** 2*
*Grafitti, -s, das*   **23** 3b
Größe, -n, die   **AB 22** 19
Gruppe, -n, die   **26** 4a*
*Grüß Gott.*   **19** 4b

## H

Hähnchen, -, das   **21** 3a*
*Halloween (Sg.), das*   **LK 7** 1
*Handyverbot, -e, das*   **24** 1
*Hangar, -s, der*   **27** 10
hängen   **19** 6*
hässlich   **23** 9*
Haus, ˝er, *das*   **23** 3b*
*Headset, -s, das*   **Einstieg 9**
heiß   **26** 7a*
herunterladen   **25** 2*
Herz, -en, das   **21** 7*
hinter   **25** 6a*
*hinterher*   **Einstieg 8**
*hochfahren*   **20** 1c
hoffentlich   **20** 1c*
Homepage, -s, die   **25** 1*
Hotel   **27** 6*

## I

immer noch   **23** 16*
in (lokal)   **25** 6*
Informatiker, -, der   **20** 7a*

Informatikerin, -nen, die   **23** 7a*
Information, -en, die   **26** 4a*
informieren   **27** 5a
Interesse, -n, das   **25** 4a*
interessieren (sich)   **20** 7a
Internetschule, -n, die   **24** 8a*
*Internetschüler, -, der*   **24** 8a
Interview, -s, das   **25** 1*
*iPod®, -s, der*   **AB 25** 5
irgendwie   **19** 2b
Italien (Sg.), das   **23** 1b*
Italiener, -, der   **22** 3*
Italienerin, -nen, die   **22** 3*

## J

Ja, genau.   **24** 5*
jemand   **25** 4a*
jetzt   **22** 4b*
Job, -s, der   **20** 1b*
Jockey, -s, der   **22** 9*
Jogurt, -s, der   **24** 5*
*Jugendhaus, ˝er, das*   **27** 5a
Jugendherberge, -n, die   **27** 5b*
*Jugendhotel, -s, das*   **27** 8a
jung   **19** 2b*

## K

Kamera, -s, die   **22** 7b   **25** 8*
Kameramann, ˝er, der   **25** 1*
Kapitän (einer Fußballmannschaft),
   -e, der   **22** 1*
*Karat (Sg.), das*   **AB 22** 16
Karneval (Sg.), der
   **Einstieg 7**   **22** 2c*
*Karnevalsband, -s, die*   **Einstieg 8**
*Karnevalszeitung, -en, die*
   **Einstieg 8**
Kasse, -n, die   **21** 2b*
kein- … mehr   **23** 1b*
Ketchup (Sg.), der   **21** 3c*
Kilo(gramm), -, das   **22** 7b
Kirche, -n, die   **23** 5b*
klappen   **19** 9b*

Klassenfahrt, -en, die   **26** 6a*
*Klassenzimmer, -, das*   **24** 8a
*Klavierstück, -e, das*   **LK 9** 1
Kleidung (Sg.), die   **26** 5a*
*km/h (Kilometer/Stunde)*   **AB 22** 19a
*Knödel, - , der*   **LK 7** 2
*Knoten, - , der* (Geschwindigkeit)
   **AB 22** 16
Koffer, -, der   **27** 2*
komisch   **19** 2a*
*kommunizieren*   **22** 7b
Komödie, -n, die   **20** 6b*
*Komparativ, -e, der*   **AeB 8**
kompliziert   **23** 5b*
*Konjunktion, -en, die*   **AeB 8**
*Kontakt, -e, der*   **25** 1
kontrollieren   **24** 8a*
*Kooche* (Kölner Dialekt), -, der   **19** 2a
Kopfhörer, -, der   **19** 9b   **25** 8*
kopieren   **25** 2*
korrigieren   **24** 1*
kostenlos   **27** 1*
Kostüm, -e, das   **LK 7** 2
*Kostümfest, -e, das*   **Projekt 7** 1
Krankenhaus, ˝er, das   **24** 8a*
*kreativ*   **26** 4a
Kreuzung, -en, die   **23** 4*
*Krimi, -s, der*   **AB 19** 15   **20** 6b*
*Krimi-Komödie, -n, die*   **20** 6b
Kugel, -n, die   **27** 10*
Kühlschrank, ˝e, der   **19** 5a*
Künstler, -, der   **20** 7a*
Künstlerin, -nen, die   **20** 7a*

## L

Land, ˝er, das   **22** 2c*
lange   **24** 8c*
Länge, -n, die   **AB 22** 16
langsam   **19** 9c*
Laptop, -s, der   **20** 7a*
Latein (Sg.), das   **LK 9** 1
laut   **23** 3b*
leben   **20** 7a*
Lebkuchen, -, der   **21** 7*

# Wortliste

## U

über  **25** 6c*
Übung, -en, die  **24** 8a*
*Umfrage, -n, die*  **23** 1b
umziehen  **20** 1b*
*Umzug, ⸚e, der*  **LK 7** 2
unbedingt  **25** 6a*
unfreundlich  **AB 20** 12*
unglücklich  **AB 20** 15*
Universität, -en, die  **22** 7b*
unpünktlich  **20** 7a*
unromantisch  **AB 20** 12*
unsensibel  **AB 20** 15*
uns  **21** 8*
unser/unsere  **19** 2b*
Unsinn (Sg.), der  **22** 11*
unsympathisch  **AB 20** 14*
unter  **25** 6a*
Untersuchung, -en, die
  **AB 22** 7a

## V

*Vampir, -e, der*  **LK 7** 2
verabredet sein  **21** 2a*
verboten sein  **23** 1b*
verliebt  **20** 5*
verreisen  **24** 8a*
*verschenken*  **21** 7

verschieden  **Einstieg 8**  **22** 2c*
versuchen  **19** 9b*
Videofilm, -e, der  **26** 4a*
Videokamera, -s, die  **27** 4*
Vokabel, -n, die  **24** 1*
Vokabeltest, -s, der  **24** 1*
Volksfest, -e, das  **21** 8*
*Volleyballplatz, ⸚e, der*  **27** 7a
vor (lokal)  **25** 6c*
vorbereiten  **24** 1*
vormittags  **AB 27** 15*
vorn  **20** 7a
vorschlagen  **27** 3b*
vorstellen (sich)  **20** 7a  **25** 1*

## W

wahrscheinlich  **24** 2c*
Wand, ⸚e, die  **19** 6*
WC, -s, das  **27** 5a
*Webcam, -s, die*  **Einstieg 9**
Webseite, -n, die  **Einstieg 9**
  **25** 4a*
*Wechselpräposition, -en, die*  **AeB 9**
*wegnehmen*  **23** 1b
*Weihnachtskeks, -e, der*  **LK 7** 2
weil  **19** 9b  **26** 1c*
weit weg  **20** 1b*
weiter  **19** 9b
*weiterarbeiten*  **22** 7b

*Weltmeister, -, der*  **22** 7b
*Weltmeisterschaft, -en, die*  **22** 7b
wenigstens  **25** 6a
werfen  **23** 1b
Werk, -e, das  **LK 9** 1
Wettbewerb, -e, der  **26** 4a*
wichtig  **AB 19** 1*
wiegen  **22** 7b
Wiese, -n, die  **20** 7a*
willkommen  **27** 9b*
Witz, -e, der  **20** 7a*
witzig  **20** 7a*
*WLAN (Sg.), das*  **22** 7b
wunderbar  **Einstieg 9**

## Z

Zelt, -e, das  **21** 6a*
Zentimeter, -, der  **22** 10*
Zentrum, Zentren, das  **27** 5a*
Zeugnis, -se, das  **24** 8a*
Zoo, -s, der  **27** 5a*
zu (+ Dativ)  **21** 10a*
zu (+ Adjektiv)  **26** 7a*
zuhören  **20** 7a*
zum Beispiel  **23** 1b  **25** 6c*
Zumba® (Sg.), das  **21** 3a*
zwischen (lokal)  **25** 6a*
zwischen (temporal)  **27** 8c*

Cover: Hueber Verlag/Bernhard Haselbeck, München
Seite 6: Hueber Verlag/Bernhard Haselbeck, München
Seite 7: Karte © Digital Wisdom; A, C © Thinkstock/iStock/Noppasin;
B © Thinkstock/Getty Images News/Sean Gallup
Seite 8: Übung 2: © PantherMedia/WavebreakmediaMicro
Seite 9: Übung 4a: A © Thinkstock/iStock/Viktor Fischer;
B © fotolia/adisa; C © Thinkstock/iStock/AndreasWeber; Übung 5a:
Schrank © iStockphoto/scibak; Bett © Thinkstock/iStock/Andriy
Bandurenko; Stuhl © Thinkstock/spoon/amanaimages; Sessel ©
Thinkstock/iStock/Baloncici; Sofa © iStockphoto/stphillips; Tisch ©
Thinkstock/Hemera/Margo Harrison; Kühlschrank © Thinkstock/
iStockphoto/Al Parrish; Regal © Thinkstock/iStockphoto; Spiegel ©
iStockphoto/catnap72; Teppich © Thinkstock/iStock/Matteo De Stefano
Seite 10: Frau © Thinkstock/Photos.com/Jupiterimages
Seite 11: anziehen © Thinkstock/iStock/AnikaSalsera; anschalten ©
Thinkstock/iStock/jaminwell
Seite 12: Brief © PantherMedia/Marc Dietrich
Seite 13: C © Hueber Verlag/Iciar Caso
Seite 14: Übung 6a: Schild © Thinkstock/iStock/Teka77; Übung 7a:
Zeichnungen © Hueber Verlag/Virginia Azañedo, München
Seite 15: © Hueber Verlag/Virginia Azañedo, München
Seite 16: Schwingtür © Thinkstock/iStock/maytih; Notausgang ©
fotolia/markus_marb; bezahlen © Thinkstock/iStock/diego cervo;
Bratwurst © Thinkstock/iStock/nilsz; Hähnchen © Thinkstock/iStock/
Alena Dvorakova; Pommes © Thinkstock/Stockbyte/Ciaran Griffin
Seite 17: Torte © Thinkstock/Photodisc/Eising; Kuchen © Thinkstock/
iStock/jo-pics; Autoscooter © fotolia/tinadefortunata;
Zelt © PantherMedia/Harry Huber
Seite 18: Tracht © Thinkstock/iStock Editorial/xyno; Achterbahn ©
PantherMedia/Jan-Dirk Hansen; Lebkuchenherzen © Thinkstock/
iStock/juergen2008; Riesenrad © Pitopia/pehuka; Volksfestzelt ©
PantherMedia/Claus Lenski; Brezel © PantherMedia/Petra Nehmeyer
Seite 19: Übung 10a: 1 © Thinkstock/iStock/nilsz; 2 © Thinkstock/
iStock/hsvrs; 3 © PantherMedia/Salih Külcü; 4 © Thinkstock/iStock/
Anagramm; 5 © PantherMedia/Jan-Dirk Hansen
Seite 20: Übung 1: A © Thinkstock/iStock/LianeM; B © fotolia/Smileus;
C © irisblende.de; D © Thinkstock/iStock/jenifoto; Übung 2: Plätzchen ©
Thinkstock/iStock/schaffert; Glocken © Thinkstock/iStock/dimdimich;
Braten © fotolia/Bernd Jürgens; Vanillekipferl © Thinkstock/iStock/
A_Lein; Familie © Thinkstock/Photos.com/Jupiterimages;
Kostüm © Thinkstock/iStock/Leigh Schindler; Umzug © Thinkstock/
iStock Editorial/mariacristinatravaglio; Suppe © Hueber Verlag/
Iciar Caso; Zwiebelwähe © Thinkstock/iStock/Warren_Price; Waggis ©
Thinkstock/iStock/Siegfried Boes
Seite 21: © Hueber Verlag/Mira Meierhofer
Seite 22: Freunde © Thinkstock/iStock/pcross
Seite 23: Geburtstag © Thinkstock/Fuse; Freude © Thinkstock/Polka
Dot/Jupiterimages
Seite 24: Grundriss © Sieveking · Agentur für Kommunikation;
A © Thinkstock/iStock/VioletaStoimenova; B © Thinkstock/Photodisc;
C © Thinkstock/BananaStock; D © Thinkstock/iStock/prudkov
Seite 26: A © Glowimages/uwe kraft; B © Thinkstock/iStock/majorosl;
C © Thinkstock/moodboard/Mike Watson Images; D © Thinkstock/
iStock Editorial; E © Thinkstock/Photodisc/Martin Poole; F © Thinkstock/
iStock/RTimages; Übung 2a: b © Hueber Verlag/Jaël Kahlenberg
Seite 27: A © Thinkstock/iStock/Natalia Lukyanova; B © iStockphoto/
Enjoylife2; C © fotolia/Aleksejs Pivnenko; D © fotolia/maconga;
E: Stifte © PantherMedia/Erika Nacke; Block © fotolia/Thongsee;
Kopfhörer © Thinkstock/Hemera/Maxim Kazmin

Seite 28: Mond © Thinkstock/iStockphoto; RoboCup German Open
2012 © Frauke Muhsal, Darmstadt Dribblers; alle Roboter © Darmstadt
Dribblers; Menschen © Thinkstock/Digital Vision
Seite 29: Jockey © fotolia/GIBLEHO; Gepard © Thinkstock/iStock/
Eric Isselée
Seite 30: Hände © Thinkstock/iStock/shironosov; Brücke © Thinkstock/
iStock/bernsmann; Schild © iStockphoto/Philip Barker
Seite 31: A, F © fotolia/vektorisiert; B, D, Verbotsschild © iStockphoto/
Philip Barker; C © fotolia/xiver; E © fotolia/Pixel; Lautsprecher © Think-
stock/iStock/furtaev, Karte © Sieveking · Agentur für Kommunikation
Seite 32: alle © Hueber Verlag/Florian Bachmeier
Seite 33: Übung 10: A © Thinkstock/iStock/PaulGrecaud;
B © Thinkstock/iStock/benoit jacquelin; C © Thinkstock/iStock/_OSSA_;
D © fotolia/loshendrikos; E © Thinkstock/iStock/vladj55
Seite 36: Übung 8a: A © Thinkstock/iStock Editorial/-art-siberia-;
B © PantherMedia/Cathy Yeulet; C © fotolia/pressmaster;
D © Thinkstock/AID/a.collectionRF
Seite 38: A © Thinkstock/iStock/Dmitriy Shironosov; B © Thinkstock/
iStock/Alexander Raths; C © fotolia/mma23
Seite 39: Shakira © Thinkstock/Getty Images News/Justin Sullivan;
Pattinson © Thinkstock/Getty Images Entertainment/Kevin Winter;
Ribéry © Thinkstock/iStock Editorial/szirtesi; Mutter © Thinkstock/
Digital Vision/Michael Blann; Musiklehrer © Thinkstock/iStock/Minerva
Studio; Michael Jackson © Thinkstock/iStock/OSTILL
Seite 40: © Thinkstock/Digital Vision/Marc Debnam
Seite 41: © iStockphoto/quavondo
Seite 42: Übung 2a: A, B, C, D, E © Silke Weigel; Teller © Thinkstock/
iStock/Alexander Yurkinskiy; Tasse © Thinkstock/iStock/ramzihachicho;
Besteck © iStockphoto/MarkSwallow; Tasche © fotolia/BEAUTYofLIFE
Seite 44: Sergei © Thinkstock/Hemera/PavelLosevsky; Claudia ©
Thinkstock/iStock/LuckyBusiness; Adrian © Thinkstock/iStock/Jose
Antonio Nicoli Andonie; Herr Pohl © Thinkstock/BananaStock
Seite 45: A © fotolia/Fiedels; B, E, F © Thinkstock/iStock/IuriiTimashov;
C, D © Thinkstock/Ivary; G © Thinkstock/iStock/art12321;
H © Thinkstock/iStock/Color_life
Seite 46: Papier © Thinkstock/iStock
Seite 49: Gruppe © Thinkstock/DigitalVision/Ableimages; Rede ©
Thinkstock/Jupiterimages; Salzburg © PantherMedia/Hans Eder
Seite 50: Sergei © Thinkstock/Hemera/PavelLosevsky; Claudia ©
Thinkstock/iStock/LuckyBusiness; Adrian © Thinkstock/iStock/Jose
Antonio Nicoli Andonie; Herr Pohl © Thinkstock/BananaStock
Seite 51: Illustrationen © Hueber Verlag/Virginia Azañedo, München;
Übung b: A © Thikstock/iStock/tekinturdogan; B © Thinkstock/iStock/
KeithRice; Wecker © Thinkstock/Hemera/Sean Prior; D © fotolia/
Gerd Wolf; E © Thinkstock/moodboard
Seite 52: Koffer © fotolia/tavi; Flaschen © Thinkstock/iStock/
OleksiyMark; Geld © fotolia/kubais; Kamera © Thinkstock/iStock/Ariel
Duhon; Afrika © Thinkstock/iStock/wanderluster; Fotokurs © colourbox
Seite 53: Zimmer © iStockphoto/wakila; Gebäude © Thinkstock/Top
Photo Group; Fernseher © Thinkstock/iSockphoto
Seite 54: Thinkstock/Stockbyte/George Doyle
Seite 55: Köln © Thinkstock/iStock/MikhailMarkovskiy; goldene Kugel
© iStockphoto/voltan1; Mozartkugel © Hueber Verlag; Segelflieger ©
VISUM/dennis-williamson.de; Hände © fotolia/Miriam Dörr; Flugzeug ©
Thinkstock/iStock/junyyeung
Seite 56: A © Thinkstock/Getty Images; B © Glowimages/SuperStock;
C © fotolia/Roman Milert; D © Thinkstock/iStock/Roman_Gorielov;
E © Thinkstock/iStock/seewhatmitchsee
Seite 57: Fotos © Hueber Verlag/Jaël Kahlenberg

Alle übrigen Fotos: Hueber Verlag/Alexander Keller, München